道路施工组织设计

主　编　王力强

副主编　于可鑫　王纪婷

参　编　关　超　杨声波

　　　　田桂博　高　松

主　审　周东明

北京理工大学出版社
BEIJING INSTITUTE OF TECHNOLOGY PRESS

内 容 提 要

本书按照理论阐述与工程实际相联系的思路，强化实用性和可操作性，重点突出行业岗位对从业人员知识结构和职业能力的要求，充分体现高等职业教育的特点。全书分为五个项目，主要内容包括初识道路施工组织、确定施工方案、编制施工进度计划、编制资源需要量计划、布置施工平面图及拟订施工技术组织措施。

本书可作为高等职业院校道路与桥梁工程技术专业、道路养护与管理专业、道路工程检测技术等专业教材，以及继续教育与职业培训教材，也可供工程技术人员使用参考。

配套资源

图书在版编目（CIP）数据

道路施工组织设计 / 王力强主编. -- 北京：北京理工大学出版社，2023.8
　ISBN 978-7-5763-2758-8

　Ⅰ.①道…　Ⅱ.①王…　Ⅲ.①道路施工—施工组织—设计—高等职业教育—教材　Ⅳ.①U415

中国国家版本馆CIP数据核字（2023）第155669号

责任编辑：阎少华	文案编辑：阎少华	
责任校对：周瑞红	责任印制：王美丽	

出版发行 / 北京理工大学出版社有限责任公司
社　　址 / 北京市丰台区四合庄路 6 号
邮　　编 / 100070
电　　话 / (010) 68914026（教材售后服务热线）
　　　　　　 (010) 63726648（课件资源服务热线）
网　　址 / http：//www.bitpress.com.cn

版印次 / 2023 年 8 月第 1 版第 1 次印刷
印　　刷 / 河北鑫彩博图印刷有限公司
开　　本 / 787 mm × 1092 mm　1/16
印　　张 / 10.5
字　　数 / 292 千字
定　　价 / 55.00 元

图书出现印装质量问题，请拨打售后服务热线，负责调换

前　言

高职教育培养的是服务区域发展的技术技能型人才，道桥专业面向公路与城市道路和桥梁建设第一线，培养德智体美全面发展的、具有一定理论基础、精于道桥施工技术、善于施工组织和管理的一线技术应用型人才，使学生达到"精施工、懂设计、会管理"的特色要求。为满足道桥相关专业技术技能型人才对施工组织设计知识的需要，而编写本书。

"道路施工组织设计"是高职院校相关专业的重要专业技术课，也是一门理论与实践并重的应用型课程。本书以职业岗位工作目标为切入点，紧紧围绕施工过程，按照理论阐述与工程实际相联系的思路，强化实用性和可操作性，重点突出行业岗位对从业人员知识结构和职业能力的要求，同时选编结合工程实际的例题，充分体现高等职业教育的特点。

本书打破传统教材的体系，坚持职业导向，强化能力的培养，依据施工组织相关岗位所需工作技能选取课程内容，充分考虑学生的认知特点，采用模块化教学，设置了五个教学项目，每个项目设置若干任务，充分体现基于理论与实践相结合的项目教学模式，使学生在掌握道路施工组织的基本原理和方法及道路工程施工组织设计文件编制的基本要领的基础上，具有初步的独立解决公路工程施工组织实际问题的能力，为公路建设提供技术技能型人才。本课程既注重专业知识的传授又突出实践技能和职业素养的提高，以"道路工程技术""桥梁工程技术"等课程的学习为基础，其中施工实习也是不可缺少的内容，也是进一步学习"公路工程造价"课程，进行毕业顶岗实习的基础。

全书分为五个项目，主要内容包括初识道路施工组织、确定施工方案、编制施工进度计划、编制资源需要量计划、布置施工平面图及拟订施工技术组织措施，教师在具体授课时，应根据授课对象的不同，依据大纲的要求选择相关内容进行讲授。

参加本书编写的有辽宁省交通高等专科学校王力强、于可鑫、关超，青岛工学院王纪婷，辽宁省路桥建设集团有限公司田桂博，沈阳广筑建设工程有限公司杨声波，辽宁建翔工程技术检测服务有限公司高松。具体编写分工为：王纪婷编写项目一，关超编写项目二，王力强编写项目三任务二至任务四，于可鑫编写项目三任务一和项目四，杨声波编写项目五任务一和任务二，高松编写项目五任务三，田桂博编写项目五任务四，并由青岛理工大学周东明主审。

　　本书在编写过程中，得到了北京理工大学出版社的大力帮助与指导，并参考了书后所附各位专家的著作与有关文献资料，在此致以诚挚的谢意！

　　由于时间仓促，编者水平有限，书中难免存在不妥之处，敬请读者批评指正。

编　者

目 录

项目一

初识道路施工组织

学习任务

施工组织设计是指施工项目在施工前对工程项目施工的全过程所进行的一系列筹划和安排，通过施工组织设计的编制，可以预计施工过程中可能发生的各种情况，事先做好准备、预防，为建筑企业实施施工准备工作计划提供依据。通过本项目的学习，应该了解公路建设与基本建设内容，熟悉施工组织设计文件的类型与内容，并能够进行施工组织调查。

学习目标

知识目标

了解公路建设与基本建设，熟悉施工组织设计文件的分类与组成内容，掌握施工组织调查的内容与方法。

能力目标

能够进行施工组织调查，收集相关资料。

素质目标

培养致力于交通强国、强国有我的崇高信念，良好的职业道德、契约精神，独立思考，钻研探索的兴趣，训练收集处理信息、获取知识的能力。

任务一　认识公路建设与基本建设

学习目标

知识目标

熟悉施工组织研究的对象与任务，了解公路建设的内容与特点，掌握公路基本建设项目组成与基本建设程序。

能力目标

能够对建设项目进行划分。

素质目标

培养学生的组织、分析能力，严谨的工作态度，良好的职业道德、契约精神。

任务导入

熟悉施工组织研究的对象与任务，在认知基本建设项目组成与建设程序的基础上，能够分解基本建设项目，按照程序完成工作。

相关知识

一、施工组织研究的对象和任务

公路施工组织是针对公路项目施工的复杂性，研究工程建设的统筹安排与系统管理客观规律的一门学科，它研究如何组织、计划施工项目的全部施工，寻求最合理的组织管理方法。

劳动力、劳动资料、劳动对象是基本建设不可缺少的要素，公路施工组织的任务是对劳动力、劳动资料和劳动对象等生产要素进行科学合理的安排，协调工程建设中各工种、各项目资源之间，以及资源与时间之间的合理关系，在整个建设过程中，做出科学、合理的安排，使项目施工取得相对最优的效果。

施工组织设计的作用是对施工项目的全过程实行科学管理的重要手段。通过施工组织设计的编制，可以全面考虑项目的各种具体施工条件，扬长避短，拟订合理的施工方案，确定施工顺序、施工方法、劳动组织和技术经济组织措施，合理地拟订施工进度计划，保证施工项目按期投产或交付使用；施工企业可以提前掌握人力、材料和机具使用上的先后顺序，全面安排资源的供应与消耗；可以合理确定临时设施的数量、规模和用途，以及临时设施、材料和机具在施工场地上的布置方案；可以预测施工过程中可能发生的各种情况，事先做好准备、预防。根据实践经验，对于一个施工项目来说，如果施工组织设计编制得合理，能正确反映客观实际，符合建设和设计单位的要求，并且在施工过程中认真地贯彻执行，就可以保证工程项目施工的顺利进行，取得好、快、省和安全的效果，早日发挥建设投资的经济效益和社会效益。

二、公路建设的内容及特点

公路运输需要通过公路来实现，公路的特殊性质和特有的基本属性，使公路在交通运输业中占有重要地位，并起重要作用。

为了科学地组织公路工程的生产活动，降低工程成本，提高公路建设的经济效益，必须了解公路建设的内容及特点，公路施工组织工作必须结合公路建设的特点进行。

(一)公路建设的内容

公路建设是从立项到竣工验收的全过程，是生产公路建设产品的活动（即公路运输业提供公路工程中各种建筑物和构筑物的活动），是增加固定资产的活动。公路建设的内容一般可以分为以下三个方面。

1. 公路工程基本建设

随着交通运输量的不断增大，原有的公路不能满足社会的需要，要求运输业进一步发展，进行公路工程基本建设。公路运输业通过新建、扩建、重建三种基本形式来达到不断扩大公路运输能力的目的。公路工程基本建设属于固定资产的扩大再生产。

2. 公路工程大修、中修与技术改造

公路建筑产品形体庞大，结构多样，需要多种不同性质的材料，运用多种不同的设备才能完成。在自然因素和行车荷载的反复作用下，公路建设产品各组成部分的寿命不同，尽管经过不断地保养，还是无法永久地使用。为了维护原有的功能，需要对公路建筑产品的某些部位进行大的改造，甚至完全更新。公路工程大修、中修与技术改造属于固定资产的简单再生产和部分扩大再生产。

3. 公路工程的小修、保养

公路工程构造物在长期使用过程中，受到行车和自然因素的作用不断磨蚀而损坏，只有通过定期和不定期的维修、保养，才能保证公路建设产品的正常使用。公路工程的小修、保养属于固定资产的简单再生产。

(二)公路建设产品的特点

公路建设产品包括路线、桥涵、隧道等固定资产。其特点如下。

1. 产品的固定性

公路工程建设产品一旦建成后，就固定于一定的地点，永久的占用大量土地，不能移动，只能在固定点发挥其功能。

2. 产品的多样性

公路建设产品具有不同的使用目的、技术等级、技术标准和不同的自然条件、结构形式，并且因为所在地区的自然条件不同，而导致主体功能不同，进而使公路的组成结构也不同，复杂多样。

3. 产品形体的庞大性

公路工程是线形构造物，由路线、桥涵、隧道、沿线设施等组成，其形体庞大，占用土地和空间较多。

4. 产品部分结构的易损性

公路建设产品部分结构暴露于大自然下，并受到垂直荷载、水平荷载、动荷载、车后真空吸力等作用，使材料老化，出现损坏，需要不断地养护。

(三)公路建设的特点

1. 施工流动性大

公路是线形人工构筑物，点多线长，工程分布极为分散，既有集中工程，又有线形分部工程，其产品在建造过程中和建成后都无法移动，并且有严格的施工顺序，因而要组织各类工作人员和各种机械围绕这一固定产品，在同一工作面不同时间，或同一时间不同工作面上进行施工活动，因此，需要科学地解决这种空间上的布置和时间上的安排两者之间的矛盾。另外，当一个工程竣工后，还要解决施工队伍向新的施工现场转移的问题，因此，在公路建

设过程中施工流动性大。

2. 施工工期长

由于公路工程产品具有多样性，形体庞大性，固定性而又具有不可分割性，使施工周期长，在较长时间内大量占用和耗费人力、物力和财力，直到整个施工周期完结，才能生产出产品，因此要求人们进行科学合理的施工组织。

3. 施工协作性高

公路工程类型多，施工环节多，工序复杂，产品具有单件性，不仅要进行个别设计而且要采用不同的施工方法，分别组织施工。为了保质保量按期完成施工任务，每项工程都需要建设单位、设计单位、施工单位、监理单位及材料、动力、运输等各个部门的通力协作，因此，要有严密的计划和科学管理。

4. 受外界干扰及自然因素影响大，需要不断地养护

公路工程施工主要是在野外露天作业，路线通常要经过不同地区，地理环境、地质情况复杂，受外界干扰及自然因素影响大，如特殊地区及气候条件、地质条件、设计变更、物资供应等，而且公路的部分结构具有易损性，若不进行正常的养护就不能维持正常的运输生产。

三、公路工程基本建设

(一)基本建设项目的组成

基本建设是指固定资产的建筑、添置、安装，是国民经济各部门为了扩大再生产而进行的增加固定资产的建设工作。简单来讲，基本建设是形成新的固定资产的过程。

公路基本建设按项目性质可分为新建、扩建、改建和重建；按项目建设总规模和总投资可分为大型项目、中型项目和小型项目。基本建设项目的组成如下。

1. 基本建设项目

基本建设项目又称建设项目，一般是指符合国家总体建设计划，能独立发挥生产能力或满足生活需要，其项目建议书经批准立项或可行性研究报告经批准的建设任务，如交通建设中的一条公路、一条铁路等。一个建设项目可以包含一个或几个单项工程。

2. 单项工程

单项工程又称工程项目，是建设项目的组成部分，是具有独立的设计文件，在竣工后能独立发挥设计规定的生产能力或效益的工程。如公路建设中独立的桥梁工程、隧道工程，这些工程一般包括与已有公路的接线，建成后可以独立发挥交通功能。一般情况下，一个合同段可以作为一个单项工程。一个单项工程可以包含一个或几个单位工程。

3. 单位工程

单位工程是单项工程的组成部分，是指不能独立发挥生产能力或效益，但具有独立施工条件的工程，如一条公路的路线工程、桥涵工程等。一个单位工程可以包含若干个分部工程。

4. 分部工程

分部工程是单位工程的组成部分，是指某些性质相近，工种用料基本相同的施工对象。

一般按照单位工程的各个部分划分，如路线工程中的路面工程、路基工程、材料采集加工工程。一个分部工程包含若干个分项工程。

5. 分项工程

分项工程是分部工程的组成部分，是按不同的施工方法、不同的材料、不同规格的标准，对分部工程所做的进一步的分类，如路基工程中的土方工程、石方工程、软土地基处理等。

(二)公路基本建设程序

基本建设程序是指基本建设全过程中各项工作必须遵循的先后顺序。公路基本建设程序是公路基本建设项目在整个建设过程中各项工作的先后顺序。基本建设受自然条件、技术条件、物资条件等的制约，并且要按照既定的需要和科学的总体设计进行建设，建设过程中的任何计划不周或安排不当，都会给国家造成重大浪费和损失，所以一切基本建设项目，都必须严格按照规定的程序进行。

动画：基本
建设项目

根据交通运输部发布的《公路建设监督管理办法》，我国政府投资公路基本建设程序的主要内容包括：根据规划，编制项目建议书；根据批准的项目建议书，进行工程可行性研究，编制可行性研究报告；根据批准的可行性研究报告，编制初步设计文件；根据批准的初步设计文件，编制施工图设计文件；根据批准的施工图设计文件，组织项目招标；根据国家有关规定，进行征地拆迁等施工前准备工作，并向交通主管部门申报施工许可；根据批准的项目施工许可，组织项目实施；项目完工后，编制竣工图表、工程决算和竣工财务决算，办理项目交接、竣工验收和财产移交手续；竣工验收合格后，组织项目后评价。

1. 项目建议书

项目建议书是建设单位提出的，要求建设某一建设项目的建议文件，是对拟建设项目的目的与要求、主要技术标准、原材料及资金来源等提出轮廓设想，是从拟建项目的必要性及总的可能性加以考虑的。在客观上，建设项目要符合国民经济长远规划，符合部门、行业和地区规划的要求。

2. 可行性研究

可行性研究是基本建设前期工作的重要组成部分，是建设项目立项、决策的主要依据。公路可行性研究的任务是在对地区社会、经济发展及路网状况充分调查研究、评价预测和必要的勘察工作的基础上，对项目建设的必要性、技术可行性、经济合理性、实施条件的可能性，提出综合性的研究论证报告。

3. 工程设计阶段

经招标确定勘察设计单位后，就可以进行工程设计。公路工程基本建设项目一般采用两阶段设计，即初步设计和施工图设计。对于技术简单、方案明确的小型建设项目，可采用一阶段设计，即一阶段施工图设计；技术复杂而又缺乏经验的建设项目、特殊大桥、互通式立体交叉、隧道等必要时采用三阶段设计，即初步设计、技术设计和施工图设计。

一阶段施工图设计应根据批复的可行性研究报告、测设合同和定测、详勘资料编制。

二(三)阶段初步设计应根据批准的可行性研究的要求和初测资料,拟定修建原则,选定设计方案,计算主要工程数量,提出施工方案的意见,编制设计概算,提供文字说明及图表资料。初步设计文件经审查批准后,是国家控制建设项目投资及编制施工图设计文件或技术设计文件(采用三阶段设计时)的依据,并且为订购和调拨主要材料、机具、设备,安排重大科研试验项目、征用土地等的筹划提供资料。

技术设计是根据初步设计和更详细的调查研究资料编制的,进一步解决初步设计中的重大技术问题,如工艺流程、建筑结构、设备选型及数量确定等,以使建设项目的设计更具体,更完善,技术经济指标更好。经批准后作为编制施工图设计的依据。

施工图设计应根据批准的初步设计(或技术设计)和定测(或补充定测)资料,进一步对所审定的修建原则、设计方案、技术决定加以具体和深化,最终确定工程数量,提出文字说明和适应施工需要的图表资料及施工组织计划,编制施工图预算。

4. 列入年度建设计划

当建设项目的初步设计和概算经上报批准后,才能列入国家建设年度计划。建设单位根据公路建设年度计划,按照设计文件编制本单位的年度基本建设计划,报经批准后,再编制物资、劳动、财务计划。这些计划分别经过主管机关审批平衡后,作为安排生产、物资分配、劳力调配和财政拨款或贷款的依据。

5. 招投标阶段

依据批准的施工图设计文件,编制项目招标文件,组织招标,选择施工单位、监理单位等。施工单位中标后,按照承包合同价与建设单位签订承包合同。

6. 施工准备阶段

在施工准备阶段,各基层单位分别做好下述准备工作:

(1)建设单位:组织基本建设管理机构;办理登记及拆迁;做好施工沿线有关单位和部门的协调工作;抓紧配套工程项目的落实;组织分工范围内的技术资料、材料、设备的供应。

(2)勘测设计单位:补充调查资料;按照技术资料供应协议,按时提供各种图纸资料;与施工单位共同做好施工图会审及移交工作。

(3)施工单位:进行施工测量;修筑便道及生产、生活等临时设施;建立临时生产基地和生活基地及通信线路;组织人员、机具陆续进场;组织原材料和各种物资的采购、加工、运输、供应和储存;做好施工图纸的接收工作,熟悉图纸的要求,编制实施性施工组织设计和施工预算,提出开工报告,报请主管部门核准。

(4)工程监理单位:熟悉施工设计文件和合同文件;组织监理机构、建立监理组织体系;组织监理人员、设备进入施工现场;根据工程监理制度规定的程序及合同条款审批、验收、检查施工单位各项施工准备工作,使其按合同规定要求如期开工。

7. 组织施工

施工单位要遵照施工程序合理组织施工,施工过程中应严格按照设计要求和施工规范,如需变动,应先取得建设单位或监理工程师同意。严格按照工程监理程序和要求进行施工组织与管理,对施工过程要注意全面质量及成本控制。确保工程质量,安全施工。积极推广应用新工艺、新技术，努力缩短工期，降低造价，同时应做好施工记录，建立技术资料档案。

8. 竣工验收、交付使用

所有建设项目和单位工程都要按照设计文件所规定的内容全部建设完成，完工后以批准的设计文件为依据，根据国家有关规定，评定质量等级，进行竣工验收，并经监理工程师签认。

竣工验收是项目转入生产和使用阶段，发挥投资效益的标志。竣工验收包括对工程质量、数量、期限、生产能力、建设规模、使用条件的审查，对建设单位和施工企业编报的固定资产移交清单、隐蔽工程说明和竣工决算等进行细致检查。

当全部基本建设工程经过验收合格，完全符合设计要求后，立即移交给生产部门正式使用。对存在的问题明确责任，确定处理措施和期限。

9. 项目后评价

公路建设项目后评价是指在公路竣工交付使用通车后，经过二、三年的实际运营考核，达到正常生产能力后的实际效果与原来可行性研究中的预期效果的比较、分析，对建设项目从立项决策、设计方案、工程施工直至通车运营的全过程，各阶段工作成果变化的内在联系与促成因果进行追踪和评价的工作。

基本建设程序是不可违背的科学程序，无论客观需要与主观意志如何，不按建设程序进行，常会给国家和社会带来不应有的损失，是一种不负责任的行为。公路养护和大修、中修工程，即固定资产的更新与技术改造，原则上也可参照基本建设程序按交通运输部有关规定执行。

微课：基本建设程序

⚙ 任务实施

任务名称	认识公路建设与基本建设	任务编号	1-1
任务描述	认识公路建设与基本建设	实训时长	
工作内容		初步成果	
1. 叙述公路建设、基本建设内容			
2. 划分判断基本建设项目			
3. 叙述基本建设程序			

⚙ 能力训练

1. 公路建设内容是什么？
2. 简述公路基本建设程序。
3. 基本建设项目的组成包括哪些？

任务二　认识公路施工组织设计

学习目标

知识目标

熟悉施工组织设计文件的分类及组成内容，掌握施工组织设计编制程序。

能力目标

能够判断出施工组织设计文件的类型。

素质目标

培养学生良好的工作习惯，按程序办事，严谨的工作态度。

任务导入

认识施工组织设计文件的分类及内容，编制程序，能够判断出施工组织设计文件的类型，为编制施工组织设计文件做准备。

相关知识

一、施工组织设计的编制原则与作用

(一)施工组织设计的编制原则

1. 认真执行基本建设程序和施工程序

公路工程建设工期长，规模大，耗用的人力、物力等各种资源多，需要巨大的投资。因此，应严格按照合同签订的或上级下达的施工期限，按照基本建设程序和施工程序，根据工程情况，对人力、材料、机械等资源合理组织，确保重点工程，分期、分批进行安排，保质、保量完成施工任务。

2. 合理安排施工顺序

公路施工不仅要考虑时间顺序，还要考虑空间顺序。应按照公路工程施工的客观规律安排施工顺序，如施工准备、基础工程、主体结构工程、路面工程、附属结构物工程等。将整个施工项目划分为几个阶段或分项工程，各施工阶段合理搭接，在保证质量的前提下，尽量实现连续、紧凑、均衡的施工。

3. 应用科学的计划方法

根据工程的特点和工期要求，尽可能采用流水作业施工方法，当工程项目较大时，可因地制宜采用平行流水作业法及立体交叉平行流水作业法，组织连续、均衡的施工。

4. 采用先进的施工技术和设备

在条件允许的情况下，不能固守成规，尽可能采用先进的施工技术、设备。不断提高施

工机械化、预制装配化程度，减轻劳动强度，提高劳动效率，加快施工速度、提高工程质量、降低工程成本。

5. 落实季节性施工措施，保证全年连续施工

对于受季节影响的工程项目，应考虑优先安排，如路面工程不易在冬期施工，桥梁基础工程不易在汛期施工。合理安排冬、雨期施工项目，把不因冬、雨期施工而带来技术复杂和造价大幅提高的工程项目列入冬、雨期施工，增加全年施工日数，全面均衡人工、材料的需要量，提高施工的均衡性和连续性。

6. 确保工程质量与安全

公路工程质量的好坏直接影响使用效果，为了保证工程质量，要认真贯彻施工技术规范和操作规程，严格按设计要求组织施工。在进行施工组织设计时，要有确保工程质量和安全施工的措施，尤其是对一些复杂、大型工程项目施工的质量、安全保证等。

7. 科学合理布置施工现场，降低工程成本

合理布置施工平面图，节约施工用地，充分利用原有地形、地物，尽量减少临时设施、临时便道、临时便桥的设置，充分利用当地人工、材料等资源，避免材料二次搬运，以节约能源、降低成本，提高效益。

(二)施工组织设计的作用

(1)施工组织设计是施工单位领导、职能部门指导施工准备工作、全面布置施工活动、指挥生产开展工作、进行项目管理、控制施工进度的依据。

(2)施工组织设计是工地领导进行劳动力和机械调配的依据。

(3)施工组织设计是工地全体员工进行施工生产活动的行动纲领。

(4)施工组织设计是编制施工预算的主要依据。

总之，施工组织设计对于能否优质、高效、按时、低耗地完成公路工程施工任务起着决定性作用。

二、施工组织设计的分类和文件组成

(一)施工组织设计的分类

在公路工程设计和施工的各个阶段，都必须编制相应的施工组织设计文件。在两阶段设计中初步设计阶段编制"施工方案"，施工图设计阶段编制"施工组织计划"，采用三阶段设计时，在技术设计阶段编制"修正施工方案"，这些都属于设计文件的重要组成部分；在招投标阶段编制"指导性施工组织设计"；在施工阶段编制"实施性施工组织设计"。其中，"实施性施工组织设计"又可分为"施工组织总设计""单位工程施工组织设计"和"分部分项工程施工组织设计"。

施工组织设计是施工方案、修正施工方案、施工组织计划、指导性施工组织设计和实施性施工组织设计等施工组织文件的总称。

施工方案、修正施工方案和施工组织计划由勘察设计单位负责编制，并编入相应的设计文件；指导性施工组织设计、实施性施工组织设计则完全由施工单位根据批准的初步设计或施工图设计中的施工方案或施工组织计划，综合施工量的自身和客观具体条件进行编制。

(二)施工组织设计的文件组成

1. 施工方案

(1)施工方案说明。施工方案主要内容有施工组织、施工力量的设想和施工期限的安排;主要工程、控制工期的工程和特殊工程的施工方案及采取的措施;主要材料的供应,施工机具、设备的配备及临时工程的安排;下一阶段应解决的问题及注意事项。

(2)人工、主要材料及机具、设备安排表。列出人工数量和施工所用材料、机具、设备的名称、单位、总数量,并分上半年、下半年编列。主要材料一般是指钢材、木材、水泥、沥青、砂、石料等。

(3)工程概略进度图。根据劳动力、施工期限、施工条件和施工方案按年和季度进行施工进度概略安排。在图中应列出工程项目名称、单位、数量,按年度和季度列出各工程项目的起止时间、机动时间、衔接时间等。

(4)临时工程一览表。列出临时工程名称,各项临时工程的地点或桩号,工程说明、工程数量等。

(5)公路临时用地表。列出临时用地位置或桩号、工程名称、土地隶属关系及面积等。

2. 修正施工方案

采用三阶段设计的公路工程,在技术设计阶段编制的施工组织设计文件称为修正施工方案。修正施工方案根据初步设计的审查意见和施工方案说明中提出的应进一步解决的问题及注意事项进行编制,修正施工方案编制深度和提交的文件内容介于施工方案与施工组织计划之间。

3. 施工组织计划

公路工程无论采用几阶段设计,在施工图设计阶段都要编制施工组织计划,该计划是施工图设计文件的组成部分。施工组织计划由以下内容组成:

(1)说明。说明主要内容有初步设计(或技术设计)审批意见的执行情况;施工组织、施工期限、主要工程的施工方法、工期、进度及采取的措施;劳动力计划及主要施工机具的使用安排;主要材料供应、运输方案及临时工程的安排;对缺水、风沙、高原、严寒等地区及冬、雨期施工所采取的措施;对交通工程、沿线设施施工协调和分期实施等有关问题的说明;施工准备工作的意见,如拆迁、用地、修建便道、便桥、临时房屋、架设临时电力线路、通信设施等。

(2)工程进度图。工程进度图中应列出工程项目名称、单位、数量、劳动量等。按年、月分别绘制出各工程项目起止日期,并标出计划用人工数,绘制出劳动力安排示意图等。

(3)主要材料计划表。主要材料计划表中列出材料的名称、规格、单位、数量、来源、运输方式、年度、季度计划用量等。

(4)主要施工机具、设备计划表。主要施工机具、设备计划表中列出机具、设备的名称、规格、数量等。

(5)临时工程数量表。临时工程数量表中列出便桥、便道、房屋、预制场、电力设施、通信设施、名称、工程说明、工程数量等。

(6)公路临时用地表。公路临时用地表中列出临时用地的位置或桩号的类别及数量,各项临时工程的地点或桩号、工程说明、工程名称、土地的隶属(县、乡、村、个人)关系、长度、宽度、土地类别及数量。

(7)重点工程场地布置图。重点工程场地布置图绘制出仓库、料场、便道、便桥、工棚、预制场、拌合站等工程和生活设施的位置。

(8)重点工程施工进度图。

4. 指导性施工组织设计

指导性施工组织设计也称竞标性施工组织设计,是施工单位用于工程投标所编制的施工组织设计。它是投标文件中的必备文件,中标后,它是承包合同的重要组成文件。指导性施工组织设计的内容、文件组成,通常与设计阶段的"施工组织计划"内容相似,但为满足招标文件要求更加具体、详细,增加了施工单位、施工项目组织管理框架、人员组成、分工及法人代表;质量自检体系、人员和试验设备配备清单;施工机械、关键设备进场使用清单;工程平面、高程和方位控制体系及程序安排方案;施工安全和环境保护措施;施工设计和施工辅助设计有关资料等。

5. 实施性施工组织设计

在公路工程的施工准备阶段,施工单位根据施工图设计图纸和野外调查资料及本单位施工条件(施工力量、技术水平等)进行编制。实施性施工组织设计十分具体、可行。

实施性施工组织设计文件的内容与施工图设计阶段的施工组织设计相似,但更具体、更详细。

综上所述,从施工方案到实施性施工组织设计,后一阶段比前一阶段的要求更高,内容也更详细、更具体,但是各个阶段既是独立的又是相互联系的。

(三)施工组织设计编制程序

编制施工组织设计要遵循一定的程序,要按照施工的客观规律,协调和处理好各个影响因素的关系,用科学的方法进行编制。同时,必须注意有关信息的反馈。

(1)分析设计资料,进行施工组织调查研究。

(2)计算工程数量。

(3)选择施工方案,确定施工方法。

(4)编制工程进度图。

(5)计算各种资源需要量,制订供应计划。

(6)制订临时工程供水、供电、供热计划。

(7)工地运输组织。

(8)布置施工平面图。

(9)编制技术措施与计算技术经济指标。

(10)编写说明书。

公路施工组织设计的编制程序如图 1-1 所示。

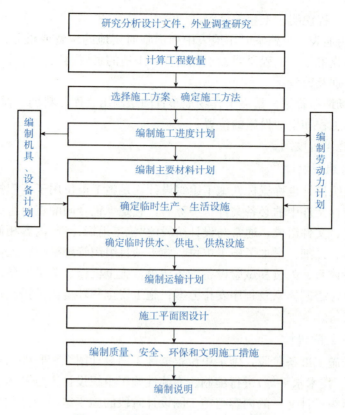

图 1-1 公路施工组织设计的编制程序

⚙ 任务实施

任务名称	认识公路施工组织设计	任务编号		1-2
任务描述	施工组织设计文件	实训时长		
工作内容		初步成果		
1. 叙述施工组织文件组成内容				
2. 判断施工组织文件类型				
3. 叙述施工组织设计编制程序				

⚙ 能力训练

1. 施工组织设计编制的内容有哪些?
2. 施工组织设计的编制程序有哪些?

微课:施工组织
设计基本概念

任务三　公路施工组织调查

学习目标

知识目标

熟悉施工组织调查的目的、方法，掌握调查的内容。

能力目标

能够进行施工组织调查，收集资料。

素质目标

培养学生收集信息、处理信息的能力，组织沟通的能力，精益求精的工匠精神。

任务导入

在熟悉施工组织调查内容、方法的基础上，能够根据工程项目选择适当的方法调查收集资料。

相关知识

公路施工组织调查是为编制施工组织文件所进行的收集和研究有关资料的活动。施工组织调查可分为勘察设计阶段的调查和施工准备阶段的调查。勘察设计阶段的调查为编制设计阶段施工组织设计文件，具有勘察调研的性质；施工准备阶段的调查为编制施工阶段的施工组织设计文件，具有复查和补充的性质。

一、原始资料调查的目的和方法

公路施工涉及面广，专业多，材料及机具种类繁多，投资大，需要协调的问题复杂。如果原始资料不全或出现错误，施工组织设计的编制和施工作业的正常进行都会造成不利影响，常常导致工期延误、质量低劣、设计变更、工程事故等严重后果；因此，施工前应有计划、有步骤地认真做好原始资料的调查、收集和分析工作。

为编制设计阶段的施工组织设计文件，设计单位在野外勘察阶段由调查组进行原始资料的调查、收集。为编制施工阶段的施工组织设计文件而进行的原始资料调查，是由施工单位在施工准备阶段进行的，是对设计阶段调查结果的复核和补充。设计阶段与施工阶段的调查方法和内容基本相同，都要深入现场，通过实地勘察、座谈访问、查阅历史资料，并采取必要的测试手段获得所需的数据和资料。

二、施工现场自然条件调查

1. 勘察

勘察是指对施工现场进行勘察，设计阶段的外业勘测，由勘测队的调查组来完成；施工阶段是在开工前组成专门的调查组来完成。勘察的对象主要是路线、桥位、大型土石方地段、地质地形复杂地段、材料采集加工场地等处。勘察主要包括以下内容：

(1)施工现场及沿线的地形地貌。对于公路沿线大、中型桥位，附属加工等施工现场，应结合勘察测绘平面图，并进行定性地描述。

(2)施工现场的地上障碍和地下埋设物。对于需要拆迁的建筑物等地上障碍物及地下埋设的管线、文物等，除在勘测中进行实地调查外，还应在施工前由施工单位去现场进行复查，并办理有关手续。

(3)其他必须去现场实地勘察的事项。

2. 自然条件调查

(1)气象资料。与气象部门联系收集所需资料，如工程所在地的冬季最低气温、冬季期月数及夏季最高气温、最大风力风向及大风季节、雨量及雨季期月数、积雪、冻深等。

(2)水文地质资料。地下水水位、水量、水质、河流流量、流速、洪水位、漂浮情况等，以及土壤的性质类别等。

(3)其他自然条件。如地震、泥石流、滑坡等，必要时也应进行调查，并应注意它们对基础和路基的影响，以便采取专门的施工保障措施。

三、施工资源情况调查

(1)施工现场(沿线)附近可以利用的场地、房屋情况。现场附近可利用的房屋、场地的数量及面积、位置、租金等。

(2)筑路材料。外购材料的供应地点、规格、品种、可供应数量、运输方式及运输费用等，自采加工材料的加工场料场位置、可供应数量、运距等。

(3)运输情况调查。当地可提供的运力、施工单位自办运输的能力、施工现场附近(沿线)铁路、现有公路、河流的位置，车站、码头存储货物的能力及至工地的距离、运价、公路及桥梁的最大承受能力，航道的运输能力等。

(4)当地能够雇用的劳动力数量及技术水平。

(5)供水、供电、通信情况。调查当地水源位置、供水数量、水压、水质、输水管道长度、水费等，当地供电的容量、电压、可供施工用的电量及接线位置、电费、每月停电次数、对临时供电线路和变电设备的要求等。

(6)生活供应及其他。调查主副食及燃料供应地点、医疗保健、消防治安情况、环境条件、施工干扰等。

四、施工单位能力调查

在公路设计阶段，施工单位尚无明确，应向建设单位调查落实施工单位。主要调查施工单位的施工能力，如资质等级及近几年的施工业绩，可投入的技术人员数量、施工人数、机械设备的装备水平等。对实行招投标的工程，在设计阶段不能明确施工单位，编制施工组织设计时，应从工程设计的角度出发，提出优化的、最合理的意见作为依据。

⚙ 任务实施

任务名称	公路施工组织调查	任务编号	1-3
任务描述	公路施工组织调查	实训时长	
工作内容		初步成果	
1. 叙述施工组织调查内容			
2. 叙述调查方法			

⚙ 能力训练

1. 施工组织调查的内容有哪些？
2. 为什么要进行原始资料调查？
3. 进行施工组织调查经常采用的方法有哪些？

项目二

确定施工方案

学习任务

施工方案是根据建设目标与要求，决定采用哪种施工方法和机械设备，以何种施工顺序和作业组织形式来组织项目施工活动的计划，是施工组织设计文件的核心内容。通过本项目的学习，应该掌握施工方案的内容和制定的方法，能够选择施工方法、施工机械、确定施工顺序。

学习目标

知识目标

掌握施工方案的内容，熟悉选择施工方法、施工机械与确定施工顺序的方法及要求。

能力目标

能够明确施工方案的内容，合理选择施工方法、施工机械与安排施工顺序。

素质目标

培养学生严谨的工作态度，独立思考、钻研探索的兴趣，在学习中不断获取成就感，训练收集处理信息、获取知识的能力，养成良好的工作习惯和精益求精的工匠精神。

任务一　认识施工方案

学习目标

知识目标

掌握施工方案的内容，了解拟订施工方案的方法及要求。

能力目标

能够确定施工方案的内容，判断施工方案的完整性。

素质目标

培养学生独立思考、精益求精的探索精神。

认识施工方案的内容与方法、要求，为拟订施工方案做准备。

相关知识

施工方案是根据设计图纸和说明书，决定采用哪种施工方法和机械设备，以何种施工顺序和作业组织形式来组织项目施工活动的计划。它是指导施工生产的重要文件，是施工组织设计的核心，要具有技术先进、切实可行、安全可靠、经济合理等特点。

一、施工方案制订的原则

(1)制订方案必须从实际出发，切实可行，符合现场的实际情况，有实现的可能性。制订方案在资源、技术上提出的要求应与当时已有的条件或在一定时间能争取到的条件相吻合，否则是不能实现的，因此，只有在切实可行的范围内尽量求其先进和快速。这两者是统一的，离开这个原则，再先进的技术、再快的施工速度也是落空的。切实可行是关键，也是制订方案的主要方面。

(2)满足合同要求的工期，就是按工期要求投入生产，交付使用，发挥投资效益。所以，在制订施工方案时，必须保证在竣工时间上符合合同的要求，并能争取提前完成。为此在施工组织上要统筹安排，均衡施工；在技术上尽可能地采用先进的施工技术、施工工艺、新材料；在管理上采用现代化的管理方法进行动态管理和控制。

(3)确保工程质量和施工安全。在制订方案时应充分考虑工程质量和施工安全，并提出保证工程质量和施工安全的技术组织措施，使方案完全符合技术规范、操作规范和安全规程的要求。例如，在质量方面制订工序质量控制标准、岗位责任制与经济责任制、质量保障体系及责任制等。

(4)在合同价格控制下，尽量降低施工成本，使方案更加经济合理，增加施工生产的盈利。从施工成本的直接费用和间接费用中找出节约的途径，采取措施控制直接消耗，减少非生产人员。

以上几点是统一体，不可分割。随着现代施工技术的进步及施工组织的科学化，每个工程都有许多不同的施工方法，那么就存在多种可能实施的方案。因此，用以上几点进行衡量，做多方面的分析比较，选择出最好的方案。

二、施工方案制订的内容

施工方案包括的内容很多，主要有施工方法的确定、施工机具和设备的选择、施工顺序的安排、科学的施工组织。施工方案前两项属于施工技术问题，后两项属于施工科学组织和管理问题。施工技术是施工方案的基础，同时，又要满足科学施工和管理方面的要求，科学施工组织又必须保证施工技术的实现，两个方面是相互联系、相互制约的关系。为了将各种关系更好地协调起来，互相创造条件，施工技术组织措施成为施工方案各项内容必不可少的延续和补充。

1. 确定施工方法

施工方法是施工方案的核心内容，具有决定性作用。施工方法一经确定，机具设备的选择就只能以满足它的要求为基本依据，施工组织也在这个基础上进行。

2. 选择施工机械

正确拟订施工方法和选择施工机械是合理组织施工的关键，两者又有相互紧密的联系。施工方法在技术上必须满足保证施工质量，提高劳动生产率，加快施工进度及充分利用机械的要求，做到技术上先进，经济上合理；而正确地选择施工机械能使施工方法更为先进、合理、经济。因此，施工机械的选择很大程度上决定施工方案的优劣。

3. 进行施工组织

施工组织是研究施工项目施工过程中各种资源科学合理组织。施工项目是通过施工活动来完成的，进行施工活动需要有建筑材料、施工机械、机具和具有一定生产经验与劳动技能的劳动者，将这些资源按照施工技术规律与组织规律，以及设计文件的要求，在空间上按照一定的位置，在时间上按照先后顺序，在数量上按照不同的比例，将它们合理地组织起来，使劳动者在统一的指挥下行动，即由不同的劳动者运用不同的机具以不同的方式对不同的建筑材料进行加工。

4. 安排施工顺序

施工顺序安排是编制施工方案的重要内容之一，施工顺序安排得好，可以加快施工进度，减少人工和机械的停歇时间，并能充分利用工作面，避免施工干扰，达到均衡、连续的施工。实现科学组织施工，做到不增加资源，加快工期，降低施工成本。

安排好施工顺序，要考虑多方面的因素。由于每个具体的工程项目不同，不可能有统一的模式，应进行具体的分析，根据施工规律和工艺及操作要求来确定施工顺序。

三、施工方案编制的方法

编制施工方案，首先要熟悉设计图纸。以高速公路为例，高速公路的设计图纸一般由道路平面设计、道路纵断面设计、结构物及附属工程设计、标准图集、数据汇总表等几部分构成。首先应将平面、纵断面、结构、标准图集各方面联系起来，对照、穿插，形成对工程整体印象，然后对结构工程进行详细的研究，对路面工程的细部设计做详细了解，对照工程数量表进行计算，在仔细研读设计图纸的基础上计算出工程的工程量及材料用量，作为编制施工方案及组织生产的依据。

在熟悉图纸的同时，要收集与工程有关的国家规范、技术规程、试验标准等资料，国际工程还要收集有关国家的技术标准，与此同时，对本单位的机械设备、试验设备仪器、施工人员等做详细的调查，取得翔实可靠的第一手资料。

在此基础上，对施工现场及周围自然环境情况进行调查，收集水源、电源、道路、驻地气候、地质、料场等情况，对外界因素做全面了解。

结合设计图纸、规范、外在因素、本单位的具体情况对重点工程、重点工序提出详细的施工方案。如桥梁桩基工程、桥梁梁体预制工程、砌石工程、土方填筑工程、路面基层底基层施工、路面沥青混凝土搅拌、沥青混凝土摊铺等工序及部位，针对各自的特点、要求，制订完整的方案，对质量标准及保证措施提出明确的要求。

在总体施工组织设计中，应根据工程量及施工顺序安排，分别提出单位工程的控制工期，安排施工进度，找出控制工期的关键工程。根据总体施工组织设计的安排，具体制定出各单位工程施工组织设计。单位工程施工组织设计应力争详细、全面、切实可行，用以指导各单位工程的施工。

在高速公路施工中，路面工程基层、底基层、沥青混凝土面层等工序均要安排一定长度的施工试验路段，用以检验施工组织、技术方案的合理性，对机械设备、人员配备等取得直接经验，指导大面积施工。在试验路段施工完成后，应根据试验路段中取得的数据、经验，及时修改、完善施工组织设计，使之在大面积施工时发挥作用。

⚙ 任务实施

任务名称	认识施工方案	任务编号	2-1
任务描述	认识施工方案	实训时长	
工作内容		初步成果	
1. 叙述施工方案内容			
2. 叙述编制方法			

⚙ 能力训练

1. 施工方案制订的内容包括哪些？
2. 施工方案制订的原则有哪些？
3. 如何制订施工方案？

任务二　选择施工方法

学习目标

知识目标

了解选择施工方法的依据及原则，熟悉拟定施工方法的内容。

能力目标

能够合理地选择施工方法。

素质目标

培养学生养成良好的思维习惯、工作方法，以及精益求精的探索精神。

任务导入

认识施工方法的内容，选择施工方法的依据及要求，能够合理地选择施工方法。

⚙ 相关知识

一、选择施工方法的原则

(1)选择施工方法必须具备实现的可能性。

(2)选择施工方法应考虑对工期的影响，也就是保证合同工期的要求。

(3)选择施工方法应进行多种可能方案的经济比较，力求降低成本。

(4)选择施工方法要能够保证施工质量和施工安全。

(5)选择施工方法应在技术上具有先进性，但要注意先进性与经济性、可行性相结合。

二、选择施工方法的依据

正确选择施工方法是确定施工方案的关键。各个施工过程均可采用各种施工方法进行施工，而每种方法都具有其各自的特点。人们的任务在于从若干可行的施工方法中，选择一个最先进、最可行、最经济的施工方法。选择施工方法的主要依据如下：

(1)工程特点。工程特点主要是指工程项目的规模、构造、工艺要求、技术要求等。

(2)工期要求。要明确本工程的总工期或分部工程的工期是属于紧迫、正常、充裕三种情况中的哪一种。

(3)施工组织条件。施工组织条件主要是指气候等自然条件，施工单位的技术水平和管理水平，所需设备、材料、资金等供应的可能性。

【例2.1】 分析桥梁基础工程施工方法选择。

桥梁基础工程，如扩大开挖基础施工，既可以人力开挖，也可以机械开挖(图2-1)。选择人力施工还是机械施工必须考虑前面叙述的几个方面。如果没有机械，人力施工又能满足施工要求，地下水不甚丰富，又不是控制工程，那么选择人力施工比较适合。如果有反铲挖土机，采用机械施工省力又省工，施工进度也快。如桩基施工，仅钻孔灌注桩就有多种施工机械可供选择，如选择潜孔钻机还是冲击式钻机；冲抓式钻机还是旋转式钻机，应进行比较分析。钻机一旦确定，施工方法也就确定了。某项目地处北温带半湿润季风气候区，跨越原有路线及自然保护区设置一座大桥，采用钻孔灌注桩基础，根据施工单位在类似工程上的施工经验，在对桥梁所处地层地质条件进行研究的基础上，采用冲击钻成孔的工艺。

三、选择施工方法的内容

1. 土石方工程

(1)计算土石方工程量，确定土石方开挖或爆破方法，选择土石方施工机械。

(2)确定放坡坡度系数或土壁支撑形式和打设方法。

（3）选择排除地面水、地下水的方法，确定排水沟、集水井或井点布置。

（4）确定土石方平衡调配方案。

（a）　　　　　　　　　　　　　　　　　　（b）

图 2-1　桥梁基础工程施工方法

（a）人工挖孔；（b）机械钻孔

2. 基础工程

（1）浅基础中垫层、混凝土基础和钢筋混凝土基础施工的技术要求。

（2）桩基础施工的施工方法及施工机械选择。

3. 防护工程

（1）浆砌块（片）石的砌筑方法和质量要求。

（2）弹线及样板架的控制要求。

（3）确定脚手架搭设方法及安全网的挂设方法。

4. 钢筋混凝土工程

（1）确定模板类型及支撑方法，对于复杂的还需进行模板设计及绘制模板放样图。

（2）选择钢筋的加工、绑扎和焊接方法。

（3）选择混凝土的搅拌、输送及浇筑顺序和方法，确定混凝土搅拌、振捣和泵送方法等，设备的类型和规格，确定施工缝的留设位置。

（4）确定预应力混凝土的施工方法、控制应力和张拉设备。

5. 桥梁安装工程

（1）确定桥梁安装方法和起重机械。

（2）确定梁板构件的运输方式及堆放要求。

6. 路面工程

（1）确定路面摊铺机和拌合站生产能力。

（2）确定路面施工机械组合方式。

【例 2.2】　分析某项目预应力混凝土 T 梁预制施工方法。

（1）T 梁预制工艺流程。T 梁预制工艺流程如图 2-2 所示。

（2）预制梁场布置。

1）预制场。为建设文明工地，实现工地的标准化建设，本标段采用一个集中大型预制场进行全线所有梁段的预制，经现场考察及综合分析，拟在 K246＋000 路线左侧标准化工地内。

施工场内设置 2 套龙门式起重机，共布置 30 个 20 m T 梁台座。

为提高混凝土的浇筑效率，设置 2 台混凝土输送泵及 8 台移动式布料杆用于混凝土的浇筑。必要时，可考虑采用摇臂式混凝土汽车泵进行浇筑。

2）预制台座。台座施工时考虑设置反拱。台座必须牢固，在现浇底座时先预埋锚固台座钢筋，为吊装考虑，距底座端 40～60 cm 两头各设开口，设置活动底座，以便吊装时挂索用。台座顶面下 5～7 cm 处，每隔 0.8 m 预埋对拉孔位。

由于预制场位于填方段，为防止产生不均匀沉降变形而影响预制的质量，应对场地分层碾压密实，并对台座基础进行加固，尤其台座两端应用 C20 以上的片石混凝土扩大基础进行加固，以满足梁板张拉起拱后基础两端的承载力要求。同时应在台座上设置沉降观测点进行监控。存梁区台座应视基地的承载力情况适当配筋。

3）模板。模板采用整体液压顶升

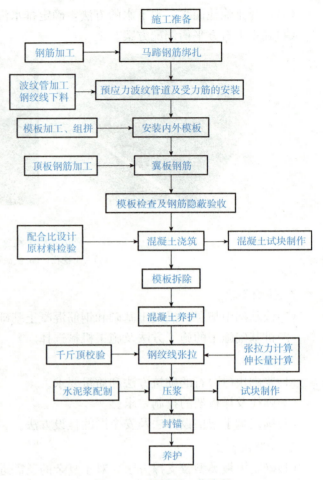

图 2-2　T 梁预制工艺流程

钢模。模板加工时要满足强度、平整度等设计要求，还应考虑模板安装、拆卸方便容易。

（3）梁段预制。

1）钢筋绑扎及预应力管道布置。按设计图纸在预制底座上将钢筋骨架绑扎好，预应力管道采用波纹管成孔，波纹管按设计图纸给出的孔道坐标用钢筋定位在钢筋骨架内，孔道曲线位置适当加密。

2）模板的安装。装模前先在模板的接缝位置用强力胶粘贴 5 mm 厚的止漏海绵，用龙门式起重机起吊安装侧模和端模，用模板上的调节螺栓来支撑并调整模板的垂直度，紧固底部对拉螺杆，在绑扎好翼板钢筋后，紧固顶部对拉螺杆。

3）混凝土的浇筑。浇筑混凝土时采用输送管直接连接布料机进行浇筑，布料杆的浇筑半径为 15 m，每片预制梁浇筑时，投入两台混凝土输送泵及两台布料杆进行梁段的混凝土浇筑，为使布料杆的浇筑半径全段覆盖梁段，并留有一定的富余，布料杆布置在梁端 1/3 处。浇筑方向从梁的两端向中间进行浇筑至跨中合龙。

混凝土采用附着式振动器与插入式振动器相结合的方式振捣。梁段混凝土一次性浇筑完成。浇筑时并采用水平分层进行，分层下料、振捣，每层厚度不超过 30 cm，上下层浇筑时间相隔不超过 1 h(当气温在 30 ℃以上时)或 1.5 h(当气温在 30 ℃以下时)。梁、板端头部分钢筋和预应力管道比较集中,为保证质量,浇筑时应分段分层,平行作业。浇筑方向从梁的两端向中间进行,在接近另一端时,应改从另一端向相反方向投料,而在距该端 4～5 m 的位置合龙。

预制梁段采用自动喷淋系统进行养生。

4)预应力施工。

①预应力管道的位置必须严格按坐标定位并用定位钢筋固定,定位钢筋与 T 梁腹板箍筋点焊连接,严防错位和管道下垂,如果管道与钢筋发生碰撞,保证管道位置不变而只是适当挪动钢筋位置。浇筑前应检查波纹管是否密封,防止浇筑混凝土时阻塞管道。

②预制梁钢束采用两端同时张拉,锚下控制应力符合图纸及规范要求。

③施加预应力应采用张拉力与引伸量双控。当预应力钢束张拉达到设计张拉力时,实际引伸量值与理论引伸量值的误差应控制在±6%。实际引伸量值应扣除钢束的非弹性变形影响。

④预应力钢束张拉应在梁体混凝土强度及弹性模量达到设计值的 100%后,且混凝土龄期不少于 14 d 时进行。

⑤预应力施工应采用自动智能控制张拉系统。

⑥张拉用千斤顶的校正系数不得大于 1.05,油压表的精度等级不得低于 1.0 级。千斤顶标定的有效期不得超过 6 个月,且不应超过 300 次张拉作业。油压表检定周期不得超过 1 个月,且宜采用耐振压力表。当采用 0.4 级压力表时,检定周期可为 3 个月,但每个月应进行定期校准。千斤顶张拉吨位不应小于张拉力的 1.2 倍,且不应大于张拉力的 2 倍。

⑦预制梁预应力张拉时及 24 h 后,断丝及滑丝数量不应超过预应力钢绞线总丝数的 1%,并不应处于梁的同一侧,且一束内断丝不得超过一丝。

⑧主梁预应力钢束张拉必须采取措施以防梁体发生侧弯,张拉以对称于构件截面的中轴线、上下左右均衡为原则,同时考虑不使构件的上下缘混凝土应力超过容许值。建议张拉顺序为 N2→N3→N2→N1。

⑨预应力管道压浆宜采用真空辅助压浆施工工艺,为确保真空压浆质量,应根据《预应力混凝土桥梁用塑料波纹管》(JT/T 529—2016)的要求对塑料波纹管进行现场检测。采用的压浆设备和压浆材料应满足《公路桥涵施工技术规范》(JTG/T 3650—2020)的相关要求。管道压浆采用 C50 水泥浆,预应力筋张拉后,孔道应及早压浆,一般应在 48 h 内灌浆完毕。要求压浆饱满,至少能保证一根束道灌浆用量(一般至少为管道体积的 1.5 倍),禁止边加原料,边搅拌,边压浆。压浆过程及压浆后 2 d 内气温低于 5 ℃时,在无可靠保温措施下禁止压浆作业。温度大于 35 ℃不得拌和或压浆。为保证钢绞线束全部充浆,进浆口应予封闭,在水泥浆凝固前,所有塞子、盖子或气门均不得移动或打开。水泥浆强度达到 40 MPa 时,T 梁方可吊装。

⑩封锚。压浆后应立即将梁端水泥浆冲洗干净,清除支承垫板、锚具及端面混凝土的污垢。封锚混凝土应仔细操作、捣实,保证锚具处封锚混凝土密实。封锚混凝土浇筑后,静置 1～2 h,带模浇水养护。脱模后在常温下一般养护时间不少于 14 d。冬季气温低于 5 ℃时不得浇水,养护时间增长,采取保温措施。

梁段预制完成后立即移梁存放，使用龙门式起重机将梁移至存梁区。存梁期不超过90 d。

微课：现浇梁施工　　　　　微课：预制梁施工

任务实施

任务名称	选择施工方法	任务编号	2-2
任务描述	选择某桥基础、桥墩、桥台、盖梁、梁板、桥面系的施工方法	实训时长	
工作内容		初步成果	
1.识读图纸、查阅合同工期、现场调查资料			
2.选择桥梁基础的施工方法			
3.选择桥墩、桥台的施工方法			
4.选择盖梁的施工方法			
5.选择梁板的施工方法			
6.选择桥面系的施工方法			

能力训练

1. 选择施工方法的原则有哪些？
2. 土石方工程施工方法的选择主要有哪些内容？
3. 选择施工方法的依据有哪些？

任务三　确定施工顺序

学习目标

知识目标

熟悉施工顺序确定的依据、原则。

能力目标

能够合理安排施工顺序。

素质目标

培养学生良好的工作习惯，组织能力，以及精益求精的探索精神。

任务导入

认识施工顺序确定的依据与原则，合理的安排施工顺序。

相关知识

施工顺序是建筑产品施工活动概念中施工组织在时间上先后顺序安排的体现。因此，施工项目都存在着合理的施工顺序，合理的施工顺序可以缩短工期。整个建设工程的施工顺序，即哪些项目应该先施工，哪些项目应该后施工；一个单位工程的施工顺序，即哪些分部（分项）工程应该先施工，哪些又应该后施工；一个分部（分项）工程的施工顺序，即工种的工艺顺序或操作顺序。

一、施工顺序确定的依据

（1）依据合同约定的施工顺序的安排，如重点工程、难点工程，控制工期的工程及对后续影响较大的工程确定先开工。

（2）按设计图纸或设计资料的要求确定施工顺序。

（3）按施工技术、施工规范与操作规程的要求确定施工顺序。

（4）按施工项目整体的施工组织与管理的要求确定施工顺序。

（5）结合施工机械情况和施工现场的实际情况确定施工顺序。

（6）依据本地资源和外购资源状况确定施工顺序。

（7）依据施工项目的地质、水文及本地气候变化对施工项目的影响程度确定施工顺序。

二、施工顺序确定的原则

由于公路工程施工点多线长，结构各异，自然条件复杂，因此合理确定建设项目中各单位工程或关键项目的施工顺序，是确定施工方案的首要问题，对工程的经济效益具有决定性的影响。确定工程项目的施工顺序，可参考下列原则：

（1）首先考虑影响全局的关键工程的合理施工顺序。如路线工程中的某大桥、某隧道、某深路堑，若不在前期完成，将导致其他工程因无法运输材料、机械等原因不能施工，从而拖延工期，此时应集中力量首先完成关键工程。

（2）必须充分考虑自然条件的影响。安排工程项目施工顺序时，必须考虑水文、地质、气象等的影响。如桥梁的基础工程一定要安排在汛期之前完成或安排在汛期之后进行等。

（3）施工顺序要与施工方法、施工机具协调一致。如现浇钢筋混凝土上部构造的施工顺序与采用架桥机进行装配化施工顺序就显然不同。

（4）要考虑施工组织条件对施工顺序的影响。如某种关键机械能否按时供应，某拆迁工程能否按时拆迁，高寒山区的生活条件或生活供应能否按时解决等。

（5）必须符合工艺要求。公路工程项目的各施工过程或工序之间，存在着一定的工艺顺序要求。如钻孔灌注桩在钻孔后应尽快灌注水下混凝土，以防止坍孔，所以两道工序必须紧密衔接。

（6）必须考虑施工质量要求。在安排施工顺序时，要以能确保工程质量作为前提条件之一，否则要重新安排或采取必要的技术措施。

（7）必须考虑安全生产的要求。在安排施工顺序时，必须力求各施工过程的衔接不至于产生不安全因素，以防止安全事故的发生。

（8）尽力体现施工过程组织的基本原则，即施工过程的连续性、协调性、均衡性及经济性。

施工顺序也并不是完全固定的。首先，由于施工条件不同，在特殊情况下变动某一施工顺序也可能是必要和合理的。其次，遵循顺序也并不意味着必须先施工的工程全部完工后才能进行在顺序上应后施工的工程，先后施工工程之间的交叉和穿插作业是可以的，甚至是必要的。这里重要的是要掌握一个合理的交叉搭接的界限。这种合理的交叉搭接界限也是因条件不同而不同的。一般的原则是后一环节的工作必须要在前一环节提供了必要的工作条件后才能开始，而后一环节工作的开始既不应该影响前一环节工作，也不应该影响本身工作的连续与顺利进行。

在施工中安排施工顺序主要解决分部分项工程的先后作业次序问题，为了遵循施工客观规律，指导施工实践在本书项目三中进一步探讨安排施工顺序的基本理论方法。

【例2.3】 安排其工程第一合同段的施工顺序。

该工程项目包含路基填挖方工程，桥梁、涵洞等。路基填挖方工程量较大；现场桥梁、涵洞工点多，路基与桥涵交叉干扰大。根据工程量大、现场路线长的特点，工期相对紧张，安排3队施工队，各队承担工程任务总体施工方案，每个施工队各配备两套开挖、填筑设备开展作业面，填挖同步施工。

各工区按三阶段组织施工：第一阶段先局部改移道路，疏通便道，开挖临时水沟，基底处理，个别挡土墙先行施工；第二阶段进行特殊路基处理，开挖、填筑分段进行，逐层填筑，多个工作面平行作业，路堑开挖一段防护一段；第三阶段改路、改渠工程并集中力量防护排水工程的施工。

（1）总体施工顺序。首先完成临时设施、路基临时排水、控制测量、料源的确定及标准试验。优先安排灰土桩、强夯、盖板涵、桩基础的施工，分段分区同步施工；桥梁预制在墩台施工的同时开始预制。以路基填筑为控制工期的重点工程，水泉沟大桥、边杖子1号大桥、边杖子2号大桥、大房申大桥、大房申中桥、电厂分离立交、边杖子分离立交（主线下穿）、边杖子天桥。立交区内塘坊大桥、A匝道二座大桥、A匝道分离立交大桥为重点控制点，合理组织路基填筑和桥涵之间的交叉和过渡，组织大平行，小穿插施工。

（2）分项工程施工顺序。

1）路基工程。路基由三个专业路基施工处按三阶段组织施工：前期施工便道、临时排水、路基清理碾压、特殊路基处理为路基正式填筑创造条件；中期路基填筑同步进行，分段分区，平行流水作业，边坡防护同步进行，分级分段施工，道路改移穿插施工；后期路基精平整修、改移道路施工、防护排水施工。

2)桥梁工程。桥梁施工安排 4 个专业队，除 K1＋940 边杖子大桥外的构造物计划同期开工。根据阶段性工期要求，进场后抢抓小桥涵和大中桥基础施工。保证小桥涵按照阶段性工期要求完工，为路基施工创造便利条件。大、中桥同时施工，每个构造物各工序之间流水作业。各桥梁施工队在施工桥梁墩台时结合总体施工组织设计中的架梁计划，控制存梁时间不大于 60 d。

K1＋940 边杖子天桥为通过农田灌溉水渠而修建，为保证当地农民生产需要，对此桥施工进度项目经理部进行单独安排。由于此桥地处挖方路段，在工程施工中先行挖除距桥梁两侧各 50 m 以外的山体，不破坏水渠所在处的原有地物，保证农业生产用水需要。某年 9 月 15 日农田停止灌溉后再进行桥梁所在处的挖方施工，施工时集中机械设备与人力，利用 15 d 时间完成挖方任务。10 月 1 日起开始进行桥梁施工，至次年 4 月 15 日完成桥梁工程及水渠恢复工作，保证当年春季灌溉用水。桥梁施工中为保证按期完成，而考虑进行冬期施工。

(3)总体施工顺序如图 2-3 所示。

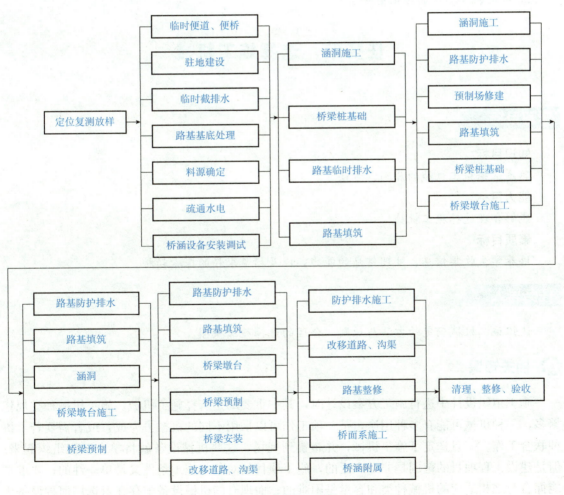

图 2-3　总体施工顺序

⚙ 任务实施

任务名称	确定施工顺序（流向）		任务编号	2-3
任务描述	确定某桥施工流向		实训时长	
工作内容			初步成果	
1. 识读图纸、查阅合同工期、现场调查资料				
2. 确定桥梁施工流向				

⚙ 能力训练

　　1. 确定施工顺序的依据有哪些？

　　2. 确定施工顺序的原则有哪些？

任务四　选择施工机械

学习目标

知识目标

熟悉选择施工机械的原则、方法。

能力目标

能够合理选择施工机械。

素质目标

培养学生收集信息、处理信息的能力，以及精益求精的探索精神。

任务导入

　　认识施工机械确定的方法与原则，合理的选择施工机械。

⚙ 相关知识

　　施工组织设计中进行施工方案设计时，其中重要的是选择施工机械。施工机械种类规格繁多，一种机械可能有多种用途，某一项工作可以采用不同的机械去完成，或者需要若干机种联合工作。一旦选定了施工机械，并布置到现场，这些机械设备就将整个工程组织起来。但是建设工程项目的范围是非常广泛的，施工项目的对象与施工条件又是单一性的；要求都能拥有与之相适应的机械种类和容量是困难的；而现有的机械设备中存在着选用何种设备更为经济的问题。

一、选择施工机械的原则

1. 保证工程质量

根据工程的技术要求，考虑施工机械的技术性能是否与施工质量及技术规范的要求相适应，能否达到相应的施工质量要求。对于技术要求高的作业项目，应考虑采用性能优良或专用的机械，以保证工程质量和较高的生产率。但不可片面追求高性能专用机械，必须在满足工程质量要求的前提下，考虑专用机械的适应性，避免降低机械的性能范围使用施工机械，造成机械损失。

高档机械有较强的作业能力但成本高，用在低等级公路施工会"大材小用"，得不偿失，低档机械来完成高等级公路施工则难以保证质量；反之使用，则可有效地降低成本。因此，要了解各种机械的"经济质量"。

2. 保证施工安全

在工程施工中，机械应具有可靠性和安全性，如行驶稳定，有翻车或落体保护装置、防尘隔声、危险施工项目可遥控作业等。

3. 充分体现经济性

施工机械经济性选择的基准是单位实物量成本，主要和机械固定资产消耗及运行费等因素有关。固定资产消耗与施工机械的投资呈正比，包括折旧费、大修费和投资的利息等费用；而机械的运行费用则是与完成工作量呈正比的费用，包括劳动工资、直接材料费、燃料费、劳保设施费等。一般在选择机械时，必须权衡工程量与机械费用的关系，同时要考虑机械的先进性和可靠性，这是影响经济效益的重要因素。如采用大型机械进行施工，虽然一次性投入大，但它可以分摊到较大的工程量中，对工程成本影响较小。而采用先进的机械设备，由于其技术性能优良，构造简易，易于操作，故障与维修费大大降低，最终可取得较好的经济效益。

4. 保证施工机械的适应性

公路机械化施工的范围非常广泛，施工条件千变万化，选用施工机械时应从机械类型及机械的技术性能考虑机械的适应性。第一，机械的类型及其技术性能应适用于工地的气候、地形、土质，施工场地大小、运输距离、施工断面形状尺寸、工程质量要求等；第二，机械的容量或生产效率要与工程进度及工程量相符合，尽量避免因机械生产效率不足或剩余造成延缓工期或低负荷作业现象。在条件允许的情况下，尽量选择最能满足施工内容的机种和机型。

5. 尽量选用系列产品

在整个机械化施工中，应减少同一工程机械的品种类型，力求尽可能使用统一标准化的系列产品，以便维修和管理。

6. 使用安全而污染环境少的施工机械

应选振动小、噪声低、粉尘少的机械，以减少对工人健康损害和环境污染。

7. 拟选施工机械与其他配套机械的组合应合理可行

拟选机械在工作容量、数量搭配、生产效率及动力搭配方面，应与配套的组合机械彼此适应，协调一致。在施工机械合理组合时，应遵循以下原则：

（1）以主作业机械为基准。综合施工机械化作业方式的机械组合是由主作业机械和从属作业机械组成的。组合时应以主作业机械为基准，其他从属机械都应以确保主作业机械充分发挥效率为选配标准。当然，最理想的是所有各个环节的机械其生产能力都相等，但实际上很难做到。所以，实际的组合都是以从属机械的生产能力略大于主作业机械的生产能力为原则。

综合机械化作业方式如挖土机和若干倾卸车组合起来进行施工，就是较典型的综合机械化作业方式(图 2-4)。这种组合，挖土机是主作业机械，倾卸车是从属作业机械。应根据挖土机的容量从运距来决定倾卸车的容量和台数。

(2)尽量减少组合数。组合个数越多，机械的工作效率就越低。如果将 A、B 两台机械组合起来，每台工作效率假定都是 0.9，那么两台组合起来的工作效率就成了 $0.9 \times 0.9 = 0.81$，如果组合的机械中有一台发生故障，整个组合就要停工；而组合数越多不但效率降低，而且停工的可能性也越大。

(3)做到组合的并列化。组合中的主作业机械一旦因故障而停工，则一系列的从属作业机械尽管其性能完好，也一样停工。因而，主作业机械应备用一台。一般在大型的工程中，最好组成几个综合作业线并列施工，即使某条作业线的主作业机械发生故障而停工，其他作业线也仍在施工，不致过多降低生产率(图 2-5)。

图 2-4 自卸汽车配合挖掘机运土   图 2-5 沥青路面摊铺碾压

施工机械的经济选择和优化组合确定后，就可以按施工进度安排投入使用，这就要求做好施工机械的组织工作。投入使用前要做两项工作。首先，注意现场施工机械的检修，务必使机械状况良好。然后，按施工进度安排制订出机械进出场的时间表和使用的机械类别、台数、施工量的形象图或进度表。在施工过程中，先要做好施工机械的调度工作。由于施工现场受到地形、地质条件和气候等的影响，虽然已有了较好的施工计划，但现场情况的变化使施工机械施工情况也发生变化是常有的事，这就要求及时发现及时解决。最后，要做好施工机械实际运转记录，它能反映每班的工作内容、运转小时、台班产量、动力燃料消耗、故障和维护保养情况。从中可以分析出完成工程量的好坏，未能完成任务的原因，以便及时采取措施挽救。它也是基层单位经济核算的主要依据。

二、选择施工机械的方法

1. 按作业内容选择机械

为了降低劳动强度，尽量使分部、分项工程所包含的每一项作业都有相应的机械完成。

一般根据机械的使用性能和分部、分项工程的具体作业内容选择施工机械。可供路基工程各作业项目选择的施工机械见表2-1。

表 2-1 路基工程各作业项目选择的施工机械

工程类别	作业内容	可选择的机械设备
准备工作	1. 清基（包据清除树丛、草皮、黑土、岩基、冰雪）和料场准备； 2. 松土、破冻土（<0.2 m）	伐木机、履带拖拉机和推土机、挖掘机、装载机、高压水泵、松土器、平地机
土方开挖	1. 底宽>2.5 mm 的河渠、基坑、池塘、港口、码头、采土场等； 2. 小型沟渠和基坑	推土机、铲运机、挖掘机、装载机、冲泥机、开挖机、清淤机
石方开挖	1. 砾石开采	挖掘机、推土机
	2. 岩石开采	空气压缩机、凿岩机、穿孔机、爆破设备
	3. 石料开采	破碎机、筛分机
冻土开挖	河渠、基坑、池塘、港口、码头	推土机、冻土犁、冻土锯、冻土拍、冻土钻、冻土铲
土石填筑	1. 大中型堤坝、高质路基和场地等	推土机、铲运机、羊足碾、压路机、平地机
	2. 小堤坝、路基、梯田、台阶等	推板碾压机、洒水车、推土机、铲运机
运输	1. 机械设备运输	火车、轮船、拖车、汽车、起重机
	2. 土石运输	推土机、铲运机、装载机、汽车
整形	1. 削坡	平地机、推土机、铲运机、挖掘机
	2. 平整	平地机、推土机、铲运机

实践证明，通常中小型项目选择通用性较好的机械比较经济合理，大型项目要结合施工方案并针对具体作业内容慎重选择主导机械及配套机械，才能获得较好的经济效益。

2. 按土质条件选择机械

土石是机械施工的主要对象，其性质和状态直接影响施工机械作业的工效及成本等，因此，土质条件是选择机械的一个重要依据。

（1）按机械通行性选择施工机械。施工现场的便道、地形、土质及行驶质量状况对施工机械的作业效率影响较大，有时需要根据机械通行性选择施工机械。如地面潮湿、泥泞时，一般选用履带式机械，否则，可根据需要选择轮胎式。

（2）按土的工程类别及特性选择施工机械。土的类别及软硬程度不仅对机械通行性有影响，而且也影响着机械进行各种施工作业的可能性和难易程度。土的工程特性不同，施工时选择的机械也应不同。

为了便于根据土质的类别和特性选择施工机械，可依据机械作业的难易程度将土划分为软土和硬土两类。软土包括淤泥、流沙、沼泽和湿陷性大孔隙黄土、黑土及软弱黏土（含水量较大）等；硬土包括较为干燥的黏土、砂石、砂砾石、软石、块石和岩石等。硬土开挖的施工机械可参考表2-2；软土开挖的施工机械可参考表2-3；各类土的压实机械可参考表2-4。其中，√表示合适，△表示可用，×表示不宜采用，余同。

表 2-2　硬土开挖的施工机械选择

土质 ＼ 施工机械	推土机	铲运机	正铲挖掘机	反铲挖掘机	装载机	松土机	开沟机	平地机	自卸汽车	底卸车	钻孔机	凿岩机
黏土和壤土	√	△	√	√	√	√	√	√	√	√		
砂土	√	√	√	√	√	√	√	√	√	√		
砂砾石	√	×	√	√	√	×	△	△	√	△		
软岩和块岩	△	×	√	△	△	×	×	×	√	×	√	√
岩石	×	×	×	×	△	×	×	×	√	×	√	√

表 2-3　软土开挖的施工机械选择

水分状况 ＼ 施工机械	通用推土机	低比压推土机接地比压/kPa			水陆两用挖掘机	挖泥船
		19.6～29.4	11.8～19.6	<11.8		
湿地	△	√	√	√	√	×
轻沼泽地	×	√	√	√	√	×
重沼泽地	×	×	△	√	√	△
水下泥地	×	×	×	√	√	√

表 2-4　各类土的压实机械选择

土的名称 ＼ 施工机械	静力式压路机	自行轮胎压路机	牵引式轮胎压路机	振动压路机	羊足碾	夯实机	夯锤	推土机	沼泽地推土机
块石、圆石、砾石	△	△	△	√	×	√	△	√	√
砾石土	√	√	√	√	×	√	△	√	×
砂	√	√	√	√	×	√	√	√	×
砂质土	√	√	√	△	×	√	√	√	×
黏土、黏性土	△	√	√	×	√	√	×	√	△
黏性土、混石黏土	△	√	√	△	√	√	△	△	△
非常软的黏土、黏性土	×	×	×	×	×	×	×	√	×
非常硬的黏性土	×	△	△	×	×	×	×	√	×

3. 根据运距选择施工机械

根据运距选择施工机械主要是针对铲土运输机械而言，可参考表 2-5。

表 2-5　土方运输机械的经济运距

经济运距 ＼ 施工机械	履带式推土机	履带式装载机	轮胎式装载机	拖式铲运机	自行式铲运机	轮式拖车	自卸汽车
经济运距/m	<80	<100	<150	100～500	300～1 500	>2 000	>2 000
道路条件	土路不平	土路不平	土路不平	土路不平	土路不平	平坦路面	一般路面

4. 根据气象及气候特征选择施工机械

气象条件也是影响机械施工的因素之一，如雨期、冬期施工时，会导致施工机械的作业效率下降，若不停工，更应注意选择机械的特殊性。

如雨或积雪融化会直接影响土的状态，使施工现场的机械通行性下降，影响作业效率。

因此，在雨期施工时，如不停工就不得不考虑用效率差的履带式机械代替干燥条件下效率较高的轮胎式机械进行作业。

【例 2.4】　某工程项目路基施工机械安排。

某工程项目路线全长为 5.135 km，主要工程量：路基填方 29.47 万立方米，挖方 31.62 万立方米，特殊路基处理 513 m^2，采用机械化施工，施工单位经过综合考虑，选择推土机、挖掘机、装载机、平地机、振动压路机、自卸汽车、洒水车等施工机械，见表 2-6。

表 2-6　某项目路基施工机械安排

序号	设备名称	额定功率/kW	生产能力	数量/台	预计进场时间
1	推土机	125	330 m^3/h	1	20××年 3 月
2	挖掘机	180	1.5 m^3	2	20××年 3 月
3	装载机	162	2.5 m^3	2	20××年 3 月
4	平地机	147	/	1	20××年 3 月
5	振动压路机	128/自重 20 t	/	2	20××年 3 月
6	自卸汽车	213	25 t	10	20××年 3 月
7	洒水车	120	5 000 L	1	20××年 3 月

微课：施工机械的合理选择与组合　　　　微课：TBM 隧道掘进机

任务实施

任务名称	选择施工机械	任务编号	2-4
任务描述	依据施工方法选择某桥的主要施工机械	实训时长	
工作内容		初步成果	
1. 识读图纸、查阅合同工期、现场调查资料			
2. 选择桥梁基础主要施工机械			
3. 选择桥墩、桥台主要施工机械			
4. 选择盖梁主要施工机械			
5. 选择梁板主要施工机械			
6. 选择桥面系主要施工机械			

能力训练

1. 如何选择机械？
2. 如何进行机械组合？

项目三

编制施工进度计划

学习任务

施工进度计划是控制施工进度、指导施工活动的依据，也是编制物资供应计划、作业计划等文件的依据。通过本项目的学习，熟悉施工作业的组织形式，掌握流水施工的特点与组织方法，能够编制施工进度计划图。

学习目标

知识目标

熟悉施工作业的组织形式，掌握流水施工组织方法，掌握横道式进度计划的编制方法，掌握网络计划编制方法、时间参数计算方法。

能力目标

能够组织流水施工，绘制施工进度计划，确定工期。

素质目标

培养学生严谨的工作态度，爱岗敬业、细心踏实、勇于创新的职业精神；训练逻辑思维能力，获取知识的能力；养成良好的工作习惯和精益求精的工匠精神。

任务一　施工作业组织形式

学习目标

学习目标

了解施工过程的组成及组织原则，熟悉施工作业方式的特点。

能力目标

能够判断施工作业方式。

素质目标

培养良好的工作态度、认真负责的责任感，以及勇于创新的职业精神。

任务导入

认识施工过程的组成、要素，组织原则，掌握常见的施工作业方式的特点，判断作业方式。

相关知识

一、公路施工过程的组织原则

(一)公路施工过程的分类

施工过程就是生产建筑产品的过程，是劳动者利用劳动工具作用于劳动对象的过程。公路施工过程有两个方面的含义：一是劳动过程；二是自然过程。按施工过程所需劳动性质及在基本建设中起的作用不同，可将施工过程划分为以下几项。

1. 施工准备过程

施工准备过程是指建筑产品在投入生产前所进行的全部生产技术准备工作，如可行性研究、勘察设计、施工准备等。

2. 基本施工过程

基本施工过程是指为完成产品而进行的生产活动，即施工现场所发生的活动，如路基、路面、桥涵等的施工。

3. 辅助施工过程

辅助施工过程是指为保证基本施工过程的正常进行所需的各种辅助生产活动，如机械设备维修、动力供应、材料加工等。

4. 服务施工过程

服务施工过程是指为基本施工过程和辅助施工过程服务的各种服务过程，如原材料、半成品、机具、燃料等的供应与运输等。

(二)公路施工过程的要素

组织公路工程施工，必须研究施工过程的最小要素，以适应施工组织、计划、管理等工作。为了更好地管理施工过程，使施工组织设计做得更科学、合理、详细，将施工过程依次划分为以下几项：

(1)动作与操作。动作是指工人在劳动时一次完成的最基本的活动，若干个相互关联的动作组成操作。

(2)工序。工序是指施工技术相同，在劳动组织上不可分割的施工过程，工序由若干个操作组成。从施工工艺流程上看，工序在工人数量、施工地点、施工工具及材料等方面均不发生变化，如果其中一个因素发生改变，就意味着从一道工序转入另一道工序。

(3)操作过程。操作过程是由几个在技术上相互关联的工序所组成的，可以相对独立完成某一分部、分项工程。

(4)综合过程。综合过程是由若干个在产品结构上密切联系的操作过程的总和。

在施工组织设计时，一般将工序作为最小的施工过程要素。

(三)公路施工过程的组织原则

在进行施工过程组织时，为了降低工程成本，缩短施工工期，保证工程质量，都应遵守以下基本原则。

1. 施工过程的连续性

施工过程的连续性是指建筑产品的施工过程各阶段、各工序的进行，在时间上是紧密衔接的，不发生各种不合理的中断现象。保持和提高施工过程连续性，可以缩短建设周期，避免产品在等待时可能引起的损失，降低成本。

2. 施工过程的协调性

施工过程的协调性也称比例性，是指建筑产品的施工过程各阶段、各工序之间，在施工能力上要保持一定的比例关系，施工各环节的生产工人、设备数量、生产效率等不发生脱节和比例失调的现象。协调性可使施工过程中的劳动力、机械设备得到充分利用，是保证施工顺利进行的前提，协调性在很大程度上取决于施工组织设计的科学性。

3. 施工过程的均衡性

施工过程的均衡性也称节奏性，是指施工过程的各个环节，都要按照施工计划的要求，各生产班组或设备的工作负荷保持相对稳定，不发生时松时紧的现象。均衡性能充分利用工时和设备，避免突击赶工造成损失，有利于保证生产质量、降低成本，也有利于劳动力和机械设备的调配。

4. 施工过程的经济性

施工过程的经济性是指施工过程除满足技术要求外，必须讲求经济效益，要用最小的劳动消耗尽量取得较大的生产成果。施工过程连续性、协调性和均衡性最终都要通过经济效果集中反映出来。

微课：施工过程
组织原理

通过以上几点可以看出，连续性、协调性、均衡性和经济性是相互制约的，有关联的，在进行施工过程组织时要保证全面符合四项原则，不可偏重某一方。

二、公路施工过程的基本作业方式

在公路施工过程中，公路施工的时间组织有顺序作业法、平行作业法、流水作业法三种基本作业方法。在进行公路施工组织设计时，这三种作业方法既可以单独运用，也可以综合运用。

【例 3.1】 某工程有 4 座涵洞任务，各涵洞的施工条件、技术配备、工程数量等完全相同，4 座小涵洞自然形成了 4 个施工段，每个涵洞划分为基础、洞身、洞口三道工序，试确定施工总工期。

4 座小涵洞自然形成了 4 个施工段，每个施工段分 3 道工序，为多施工段多工序型，可以采用顺序作业法、平行作业法、流水作业法来完成该施工任务。

1. 顺序作业法

当施工任务含有若干个施工段时，完成一个施工段后，接着完成另一个施工段，依次按顺序进行，直至完成全部施工段的作业方法，如图 3-1 所示。

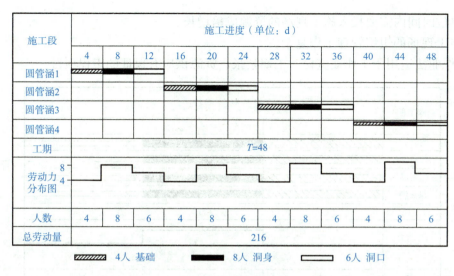

图 3-1　顺序作业法

由图 3-1 可以看出，若完成一个施工段的全部工序所需时间为 t_i，则完成 m 个施工段的全部工序所需时间为总工期 T，即

$$T = \sum_{i-1}^{m} t_i \qquad (3-1)$$

式中　t_i——完成某施工段的全部工序所需时间。

顺序作业法具有以下特点：

(1)施工工期长，不能充分利用工作面。

(2)施工队不能实行专业化施工，不利于提高工程质量和劳动生产率，机械设备不能充分利用；若按专业化原则成立施工队，各专业队不能连续作业，资源使用不均衡。

(3)单位时间内需要投入施工现场的资源数量较少。

(4)施工现场的组织管理工作比较简单。

顺序作业法适用于工作面有限、工程量较小、工期宽松的工程项目。

2. 平行作业法

平行作业法是指当施工任务含有若干个施工段时，各个施工段同时开工，平行生产，同时完成的一种作业方法，如图 3-2 所示。

由图 3-2 可以看出，平行作业法的施工任务有几个施工段，就相应地组织几个施工队，总工期 T 等于各施工段中作业时间最长的任务的持续时间，即

$$T = \max\{t_i\} \qquad (3-2)$$

式中　t_i——完成某施工段的全部工序所需时间。

平行作业法具有以下特点：

(1)充分利用了工作面，缩短了工期。

(2)施工队不能实行专业化施工，不利于提高工程质量和劳动生产率，机械设备不能充分利用；若按专业化原则成立施工队，各专业队不能连续作业，资源使用不均衡。

（3）单位时间内需要投入施工现场的资源成倍增长。

（4）施工现场的组织管理工作复杂。

平行作业法适用于工作面宽松、工期紧张、资源供应有保证的工程项目。

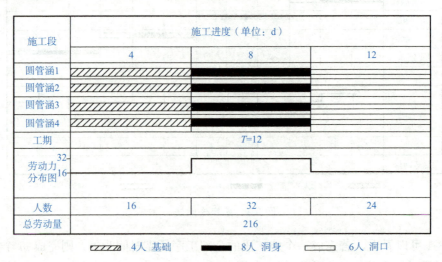

图 3-2　平行作业法

3. 流水作业法

流水作业法是指当施工任务含有若干个施工段时，其各个施工段相隔一定时间依次投入施工生产，相同的工序依次进行，不同的工序则平行进行的一种作业方法，如图 3-3 所示。

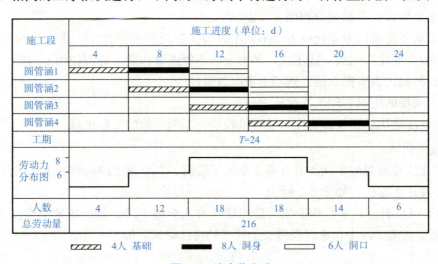

图 3-3　流水作业法

由图 3-3 可以看出，流水作业法的工期比顺序作业法短，比平行作业法长。通过比较可以看出，流水作业法消除了以上两种作业法的缺点，其特点如下：

（1）科学地利用工作面，所以总工期比较合理。

（2）施工队采用专业化施工，可使工人的操作技术水平不断提高，更加能够保证工程质量，提高劳动生产率。

（3）专业施工队实行连续作业，相邻专业施工队之间搭接紧凑。

（4）单位时间内需要投入施工现场的资源数量较为均衡，为施工现场的科学管理创造了条件。

流水作业法应用较广泛，一般项目均可使用。

动画：施工
作业方式

三、作业方式的综合应用

在实际公路工程生产过程中，根据具体条件不仅可以单独应用顺序作业法、平行作业法、流水作业法，而且可以将三种基本作业方法综合应用，形成平行流水作业法、平行顺序作业法、立体交叉平行流水作业法。

1. 平行流水作业法

平行流水作业法是在平行作业的基础上，进行流水作业组织的作业方法。采用这种方法克服了平行作业法的缺点，可以充分利用工作面，缩短工期，同时劳动力、材料、机械需要量可保持均衡。

2. 平行顺序作业法

平行顺序作业法的实质是采用增加施工力量，从而缩短工期。它使平行作业法和顺序作业法的缺点更加突出，仅适用于突击赶工的情况。

3. 立体交叉平行流水作业法

在施工工程中，当遇到工序多、工程量集中的大桥、立交等构造物时，可以充分利用有限的工作面，采用上、下、左、右全面施工的方法，达到缩短工期的目的。

⚙ 任务实施

任务名称	施工作业组织形式	任务编号	3-1
任务描述	划分工序，区分施工作业方法	实训时长	
工作内容		初步成果	
1. 根据图纸划分工序			
2. 区分作业组织方法			

⚙ 能力训练

1. 施工过程的组织原则有哪些？

2. 什么是流水作业法，它的特点是什么？

3. 什么是顺序作业法，它的特点是什么？

4. 什么是平行作业法，它的特点是什么？

任务二　流水作业组织

学习目标

知识目标

熟悉流水作业的主要参数，掌握流水作业的类型。

技能目标

能够计算工期，组织流水施工。

素质目标

培养计算绘图能力、组织能力、协作能力。

任务导入

认识流水施工作业参数，掌握流水作业的类型，能够计算工期，组织流水施工。

相关知识

一、流水作业法的主要参数

无论是分部分项工程，还是单位工程、单项工程或基本建设项目，都可以组织流水作业。流水施工作业的实质就是将劳动对象的施工过程划分为若干道工序或操作过程，每道工序或操作过程分别由工艺原则建立的施工队来完成，同时将劳动对象划分为若干个施工段，各施工队按一定的顺序从一个施工段转移到另一个施工段，完成相同的工作，相同的工作顺序进行，不同的工作平行进行。为了更好地说明流水作业的开展情况，引入一些量的描述，即流水参数。流水作业法的主要参数可分为空间参数、工艺参数、时间参数三类。

(一)空间参数

在组织流水作业时，用工作面、施工段数来表达流水作业在空间布置上所处的状态。

1. 工作面 A

某一专业工种的工人或某种型号的机械在进行施工操作时，所必须具备的活动空间称为工作面。工作面的大小决定了最多能安置工人的数量和布置机械的台数，它反映空间组合的合理性。工作面的布置以最大限度发挥工人和机械的效力为目的，并应遵守安全技术和施工技术规范的规定。

2. 施工段数 m

在施工过程中，将施工对象(工程项目)划分成劳动量大致相等的若干段，这些段称为施工段。

划分施工段的目的：第一，多创造工作面，为下道工序尽早开工创造条件；第二，不同的工序在不同的工作面上平行作业。只有划分施工段，才能展开流水作业。

划分施工段应注意以下几点：

(1)要使各施工段劳动量大致相等，相差以不超过15％为宜。

(2)应考虑施工对象的结构整体完整性。如大型人工构造物以伸缩缝、沉降缝为界分段，一般的工程结构应在受力最小而又不影响结构外观的位置分段。

动画：流水施工
空间参数

(3)要考虑各作业班组有合适的工作面，保证施工安全。工作面过小，不能充分发挥人工机械的效力；工作面过大，将影响工期。

(4)应考虑施工规模、资源供应情况、生产工人组合、机械效能等，通常以主导工序的组织为依据。

(二)工艺参数

在组织流水作业时，用工序(施工过程)数和流水强度来表达流水作业施工工艺的开展顺序及特征。

1. 工序数 n

将劳动对象的施工过程划分为若干工序，其数量即工序数，也称施工过程数，每一道工序由一个专业班组来承担施工。工序数要根据构造物的复杂程度和施工方法来确定，划分工序时应注意结合所选择的施工方法划分，划分的粗细程度，应以流水作业进度计划的性质为依据。对于实施性的流水作业进度计划，应划分得细一些，可划分到分项工程；对于控制性的进度计划，应划分得粗一些，可以是单位工程，甚至是单项工程。

2. 流水强度 V

每一道工序(专业班组)在单位时间内所完成的工程量称为流水强度，又称流水能力或生产能力。流水强度越大，专业队应配备的机械、需用的人工及材料等也就越多，工作面相应增大，施工期限将会缩短。流水强度按下列公式计算：

(1)机械施工时的供需流水强度按式(3-3)计算。

$$V_i = \sum_{i=1}^{x} R_i C_i \tag{3-3}$$

式中　V_i——工序 i 的机械作业流水强度；

　　　R_i——某种施工机械台数；

　　　C_i——该种施工机械的台班产量定额(时间定额的倒数)；

　　　x——投入同一工序的主导施工机械种类。

(2)人工操作时的工序流水强度按式(3-4)计算。

$$V_i = R_i C_i \tag{3-4}$$

式中　V_i——工序 i 的人工作业流水强度；

　　　R_i——每一专业班组人数；

　　　C_i——平均每一个工人台班产量，即产量定额(时间定额的倒数)。

(三)时间参数

一般用流水节拍、流水步距来表达流水作业在时间排列上所处的状态。

1. 流水节拍

流水节拍是指某工序(作业班组)在某个施工段上的持续时间。当施工段数目确定后,流水节拍的长短决定着施工的速度与节奏,影响着总工期。影响流水节拍长短的因素有施工方法、施工段的工程数量、专业施工队的人数、机械台数、每天的作业班次等。

从理论上讲,流水节拍越短越好,但是实际上,由于工作面的限制,流水节拍有一个界限。

2. 流水步距

流水步距是指两相邻作业班组相继投入同一施工段开始施工的时间之差,通常用 K 表示。

流水步距(K)的大小对总工期有很大影响。在施工段数目和流水节拍确定的条件下,流水步距越大,总工期就越长;反之,则总工期就越短。流水步距数与工序数相关,当工序数为 n 时,流水步距必然只有($n-1$)个。确定流水步距时,要注意满足相邻两工序在施工顺序上相互制约的关系,尽量保证各施工专业队连续作业,相邻两工序在开工时间上最大搭接,保证工程质量与安全,还要考虑合理的技术间歇、适当的工作面和施工的均衡性等。

二、流水作业法的分类及总工期

由于工程构造物的复杂程度不同,受地理环境影响不同,造成了流水参数的差异,使流水施工作业可分为有节拍流水作业和无节拍流水作业(图 3-4)。

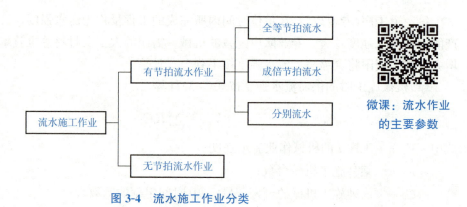

微课:流水作业的主要参数

图 3-4 流水施工作业分类

(一)有节拍流水作业

有节拍流水可分为全等节拍流水、成倍节拍流水和分别流水。

1. 全等节拍流水

在组织流水作业时,如果所有工序(施工过程)在各个施工段上的流水节拍彼此相等,这种组织方式的流水作业称为全等节拍流水,也称稳定流水、等节奏流水(图 3-5)。

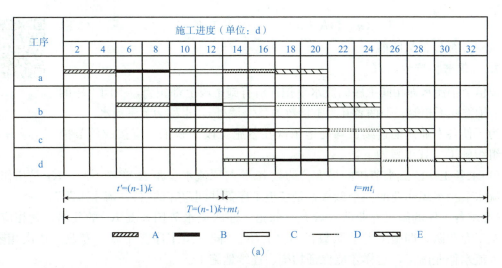

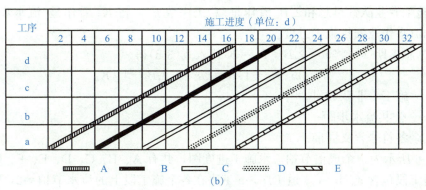

图 3-5　全等节拍流水施工

(a)横线工段式横道图；(b)斜线图

全等节拍流水的流水节拍彼此相等，流水步距彼此相等，而且两者的数值也相等，即 $t_i=K_i=$ 常数，在组织施工时，每个施工专业队都能连续作业，实现了连续、均衡而又紧凑的施工。这是一种理想的组织方式，但是在实际工程中，这种情况并不多见。

由图 3-5 可知，流水展开期 t' 为各工序之间的流水步距 K 值之和。则

$$t'=(n-1)K \tag{3-5}$$

式中　t'——流水展开期；

　　　n——工序数；

　　　K——流水步距。

最后一个施工专业队（即工序）应在每个施工段上依次作业，它的全部作业时间 t 应为

$$t=mt_i \tag{3-6}$$

式中　m——施工段数；

　　　t_i——流水节拍。

流水作业的总工期 T 等于 t' 与 t 之和，即

$$T=t'+t \tag{3-7}$$

即 $$T=(n-1)K+mt_i=(m+n-1)K \tag{3-8}$$

式中各符号含义同前。

微课：有节拍流水-稳定流水作业

2. 成倍节拍流水

成倍节拍流水即相同工序的流水节拍在所有施工段上都相当，不同工序的流水节拍彼此不相等，但两者互为整倍数关系(1除外)，也称为节奏流水。

为了使各专业队能连续、均衡地依次在各施工段上施工，应按成倍节拍流水组织施工。其步骤如下：

(1)求各工序的流水节拍的最大公约数 K_k。与原流水步距 K 意义不同，K_k 是指作为按成倍流水节拍组织作业的一个参数，是各道工序都共同遵守的“公共流水步距”。

(2)求各工序的施工专业队数目 B_i。每道工序的流水节拍 t_i 是 K_k 的几倍，就相应安排几个施工专业队，即施工专业队数目 $B_i=t_i/K_k$。同一道工序各个施工专业队依次相隔 K_k 天投入流水作业施工，这样才能保证均衡、连续地施工。

(3)将施工专业队数目总和 $\sum B_i$ 看作是“总工序数 n”，将 K_k 看作是“流水步距”，然后按全等节拍流水作业安排施工进度。

(4)计算总工期 T。将 $n=\sum B_i$，$K_k=K$ 代入式(3-8)得

$$T=(m+n-1)K=(m+\sum B_i-1)K_k \tag{3-9}$$

式中 B_i——施工专业队数目；

K_k——公共流水步距；

式中其余各符号含义同前。

如图3-6所示为一个成倍节拍流水施工进度图，共有A、B、C、D、E、F、G 7个施工段，每个施工段包含a、b、c 3道工序，a工序在各个施工段上的流水节拍=2，b工序在各个施工段上的流水节拍=6，c工序在各个施工段上的流水节拍=4，则公共流水步距 $K_k=2$；需要的专业队数目分别为1、3、2、$\sum B_i=6$；由式(3-9)得

$$T=(7+6-1)\times 2=24$$

图3-6 成倍节拍流水施工进度图

微课：有节拍流水-节奏流水作业

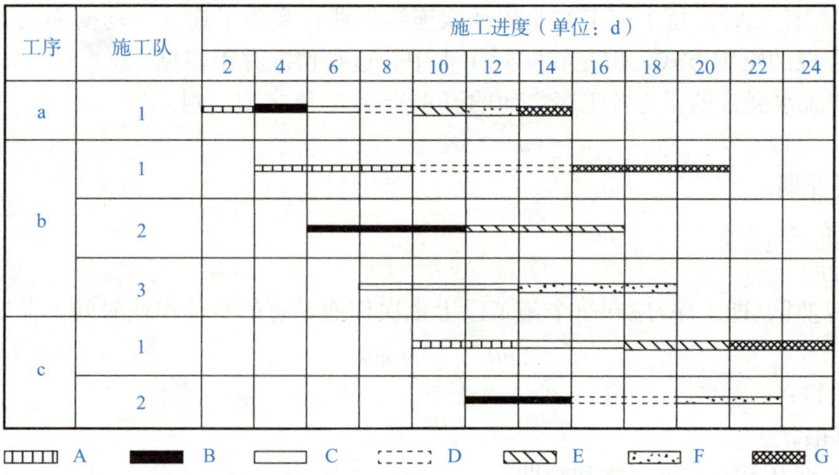

3. 分别流水

分别流水是指各工序的流水节拍各自保持不变，不同工序的流水节拍不完全相同，但不存在最大公约数（1 除外），流水步距 K 也是一个变数的流水作业。也就是说，同类工序的流水节拍在各施工段上相等，而不同类工序的流水节拍相互不完全相等。

组织分别流水作业时，首先应保持各施工段本身均衡而不间断地进行，然后将各工序彼此衔接协调。既要避免各工序之间发生矛盾，也要尽可能减少作业面的空闲时间，使整个施工安排保持最大程度的紧凑，已达到缩短工期的目的。

分别流水作业作图，可以采用紧凑法和数字错差法两种方法。紧凑法，任何一道工序开工时，必须具备工作面和生产力两个开工要素，两者中缺少任何一个，工序都不具备开工的条件，即只要具备开工要素就开工，各相邻工序之间尽量紧凑衔接，如图 3-7(a)所示；数字错差法可使各专业队连续作业，如图 3-7(b)所示。

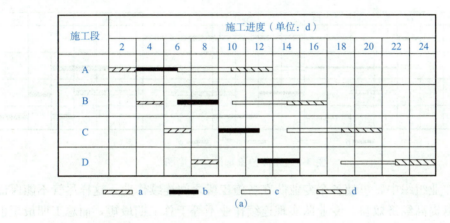

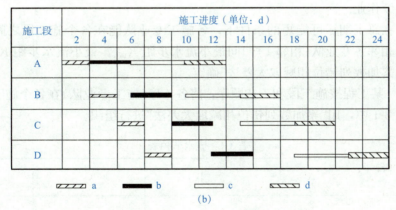

图 3-7　分别流水作业横线工序式进度图
(a)紧凑法；(b)数字错差法

由图 3-7 可知，采用紧凑法与作业队连续法作图，总工期都等于 24，本例是一个特例。一般来说，哪一种组织方法工期短就采用哪一种。但是，在工期相同的条件下，作业队连续作业具有更好的积极性。

分别流水作业的施工总工期一般采用作图法确定。紧凑法组织施工有随机性，工期无法用公式表达，但各专业队连续作业组织施工其工期可由公式计算。

微课：有节拍流水-
分别流水作业

(二)无节拍流水作业

无节拍流水作业是指同类工序的流水节拍在各施工段上不完全相等，而不同类工序的流水节拍相互也不完全相等。对于公路工程来说，沿线工程量并非均匀分布，各施工专业队在机具和劳动力固定的条件下，流水作业速度不可能总保持一致。所以，有节拍流水作业很少出现，大多数是无节拍流水作业，即 $t_i \neq$ 常数，$K \neq$ 常数。

确定无节拍流水作业的施工总工期时，一般采用作图法确定，无节拍流水作业的作图与分别流水作业相同，也有两种方法，即紧凑法(图 3-8)和数字错差法。

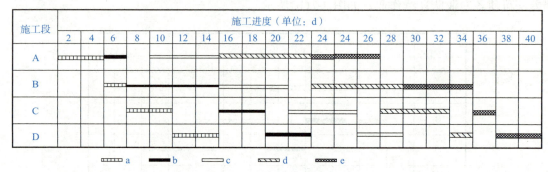

图 3-8　无节拍流水作业进度图

在流水作业组织中，可使各个专业队在各施工段之间连续作业，这样尽管不能保证工期最短，但可以提高经济效益。专业队实现连续作业不等于总工期最短，而总工期最短也不等于不能实现连续作业。

为了组织在总工期尽可能短的条件下，各施工专业队能在各个施工段之间进行连续作业，必须确定相邻各专业队(相邻工序)间最小流水步距 K_{min}。最小流水步距 K_{min} 可以用"数字错差法"即"累加数列错位相减取大差法"确定。

【例 3.2】　某工程按施工段和工艺顺序，将各工序(施工专业队)在各个施工段上的流水节拍值列于表 3-1 中，用"累加数列错位相减取大差法"进行组织。

表 3-1　流水节拍表　　　　　　　　　　　　　　　　　d

工序 ＼ 施工段	A	B	C	D
a	2	4	3	2
b	2	2	3	3
c	3	2	2	3

(1)求首施工段上各最小流水步距。

1)求 K_{ab}^A。

①将 a 工序的依次累计叠加，可得数列：2，6，9，11；

②将 b 工序的依次累计叠加，可得数列：2，4，7，10；

③将后一工序的数列向右错一位，进行两数列相减，即

$$
\begin{array}{l}
a：2\ \ 6\ \ 9\ \ 11 \\
b：-)\ 2\ \ 4\ \ 7\ \ \ 10 \\
\hline
\ \ \ \ \ \ 2\ \ 4\ \ 5\ \ 4\ -10
\end{array}
$$

则所得数列中的最大数 5，即为 a、b 两工序的最小流水步距 $K^A_{ab}=5$。

2）同理求 K^A_{bc}。

$$
\begin{array}{l}
a：2\ \ 4\ \ 7\ \ 10 \\
b：-)\ 3\ \ 5\ \ 7\ \ \ 10 \\
\hline
\ \ \ \ \ \ 2\ \ 1\ \ 2\ \ 3\ -10
\end{array}
$$

则所得数列中的最大数 3，即为 b、c 两工序的最小流水步距 $K^A_{bc}=3$。

（2）绘制流水作业图。根据求得的最小流水步距和流水节拍（表 3-1），绘制流水作业图，如图 3-9 所示。

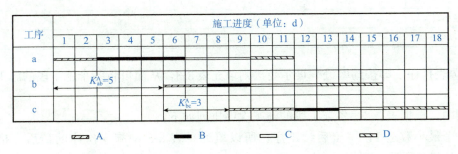

图 3-9　最小流水步距流水作业进度图

（3）结论。由图 3-9 可得总工期 $T=18$ d。在实际生产中，根据具体情况选取组织方法。

三、无节拍流水作业施工次序的确定

微课：无节拍
流水

在确定无节拍流水作业的最短施工总工期时，必须进行施工段排序，否则不能求得最短施工总工期。如果有 m 个施工段，每个施工段都具有 n 道工艺相同的工序，怎样安排各个施工段的施工次序才能使总工期最短呢？

1. 确定 m 个施工段两道工序的施工次序

为达到工期最短的目的，可以用约翰逊—贝尔曼法则来解决。这个法则的基本思想是：在 t_a、t_b 中取最小值，先行工序施工工期短的要安排在前面施工，而后续工序施工工期短的要安排在后面施工，以此类推，直到完成排序。也即，首先列出 m 个施工段的"流水节拍表"，然后在表中依次选取最小数，而且每列只选择一次，若此"数"属于先行工序，则从前面排序；反之，则从后面排序。

【例 3.3】　某任务流水节拍见表 3-2，确定最优施工次序。

表 3-2　流水节拍表

工序 ＼ 施工段	A	B	C	D	E
a	3	4	8	6	2
b	5	1	4	8	3

（1）绘制"施工次序排列表"，见表 3-3。

表 3-3　施工次序排列表

填表次序 ＼ 施工次序	1	2	3	4	5
1					B
2	E				
3		A			
4				C	
5			D		
列中最小数	2	3	6	4	1
施工段号	E	A	D	C	B

（2）填表排序。即按约翰逊—贝尔曼法则填充表 3-3，从而可将各个施工段的施工次序排列出来。

本例中，根据表 3-2，各施工段的施工次序排列如下：

第一个最小数是 1，属于后续工序，所以填列在表 3-3 中施工次序的最后一格，并将表 3-2 中 B 施工段这一列划去。

第二个最小数是 2，属于先行工序，所以填列在表 3-3 中施工次序的最前面一格，并将表 3-2 中 E 施工段这一列划去。

以此类推，将表 3-3 填列完毕，可确定各个施工段的最优施工次序为 E—A—D—C—B。

（3）绘制施工进度图，确定施工总工期。本例按流水作业法组织施工，其施工进度图如图 3-10 所示，其总工期为 24 d。

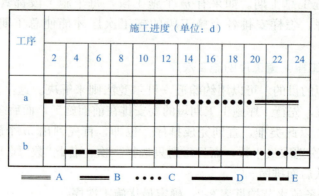

图 3-10　最优施工顺序施工进度图

2. 确定 m 个施工段 3 道工序的施工次序

对于这类问题，如果符合下列两种情况下的一种，就可采用约翰逊—贝尔曼法则：

(1)第 1 道工序中最小的施工工期 $t_{a,min}$ 大于或等于第 2 道工序中最大的施工工期 $t_{b,max}$，即 $t_{a,min} \geq t_{b,max}$。

若不按约翰逊—贝尔曼法则确定施工次序，一般不能取得最短施工总工期。如本例，若按 A—B—C—D—E 的次序施工，则总工期至少需要 32 d，如图 3-11 所示。

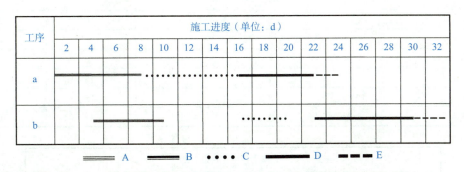

图 3-11　自然施工顺序施工进度图

(2)第 3 道工序中最小的施工工期 $t_{c,min}$ 大于或等于第 2 道工序中最大的施工工期 $t_{b,max}$，即 $t_{c,min} \geq t_{b,max}$。

对于 m 个施工段 3 道工序时的施工次序排序问题，只要符合上述两条中的一条时，即可按下述步骤求的最优施工次序：

第一步：将各个施工段中第 1 道工序 a 和第 2 道工序 b 的流水节拍依次加在一起，即 $t_a + t_b$。

第二步：将各个施工段中第 2 道工序 b 和第 3 道工序 c 的流水节拍依次加在一起，即 $t_b + t_c$。

第三步：将上两部中得到的施工周期序列，看作"两道工序，多项任务"。

第四步：按上述 m 个施工段两道工序的排序方法，求出最优施工次序，所得最优顺序即为三道工序的最优次序。

【例3.4】　根据表 3-4 的流水节拍，确定最优施工次序。

动画：最优施
工顺序安排-
两道工序

表 3-4　流水节拍表　　　　　　　　　　　　　　　　　　　　d

工序 \ 施工段	A	B	C	D	E
t_a	3	2	8	10	5
t_b	5	2	3	3	4
t_c	5	6	6	9	7

首先判断流水节拍满足条件 $t_{c,min} \geq t_{b,max}$；按照上述步骤运用约翰逊—贝尔曼法则排列出

最优施工次序。

表 3-5 按上述方法确定出最优施工次序为 B—A—E—D—C，总工期为 38 d，如图 3-12
所示。

表 3-5　流水节拍及最优次序表

d

工序＼施工段	A	B	C	D	E
t_a	3	2	8	10	5
t_b	5	2	3	3	4
t_c	5	6	6	9	7
t_{a+b}	8	4	11	13	9
t_{b+c}	10	8	9	12	11
最优次序	B	A	E	D	C

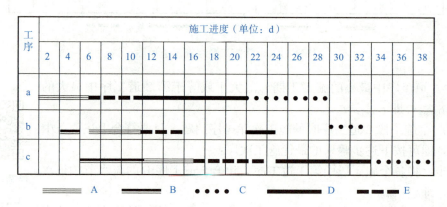

图 3-12　最优施工顺序施工进度图

如果 m 个施工段 3 道工序不满足上述特定条件，应如何确定最优施工次序呢？对于这
种情况，可以采用穷举法，找出最优施工次序。即还是按照上述原理，将工序重新组合成两
道工序（包括所有可能的情况），再按约翰逊—贝尔曼法则确定最优施工次序。表 3-6 为 4 个
施工段，3 道工序，但是不满足上述特定条件，可以把 a、b、c 三道工序重新组合成以下两
道工序（包括所有组合情况）：(a，b+c)，(a+c，b)，(a+b，c)，(a+b，b+c)，(a+c，
b+c)，(a+b，a+c)。注意先行工序和后续工序的位置不能颠倒，如(a+c，b)、(a+c，a+
b)、(a+c，b+c)类的组合是错误的。

表 3-6　流水节拍表

d

工序＼施工段	A	B	C	D
a	7	4	3	9
b	4	5	6	3
c	6	5	8	7

当工序多于 3 道时，求解最优施工次序变得比较复杂，但是仍可以将工序按一定方法进行组合，将其变成虚拟的两道工序，再按约翰逊—贝尔曼法则确定较优施工次序。由于组合方式很多，每一次只能得到较优施工次序，只有列出所有组合方式，从众多较优解中找到最优施工次序。但是即使没有列出所有组合方式，也可以得到相对最优解。

动画：最优施工顺序安排-三道工序

任务实施

任务名称	流水作业组织	任务编号	3-2
任务描述	区分流水施工类型，进行流水施工组织	实训时长	
工作内容		初步成果	
1. 区分流水施工类型			
2. 全等节拍流水组织			
3. 成倍节拍流水组织			
4. 无节拍流水组织			
5. 确定最优施工次序			

能力训练

1. 流水施工参数有哪些？

2. 流水施工如何分类？

3. 约翰逊—贝尔曼法则的基本思想是什么？

4. 用"累加数列错位相减取大差"求最小流水步距，进行连续性组织（表 3-7），并绘制横道图。

表 3-7　流水节拍表　　　　　　　　　　　　　　　　　　　　d

工序	施工段			
	①	②	③	④
A	4	4	5	5
B	5	3	4	3
C	3	4	4	3
D	5	6	5	3

5. 某工程有 6 个施工段，3 道工序，各工序流水节拍见表 3-8，试确定最优施工顺序，并绘制横道图。

表 3-8 流水节拍表   d

工序	施工段					
	①	②	③	④	⑤	⑥
A	7	4	2	5	3	6
B	5	3	2	4	4	2
C	6	6	5	7	7	9

任务三　编制横道式施工进度图

学习目标

知识目标

了解编制施工进度计划的作用、依据，熟悉常见的施工图的形式及特点，掌握绘图参数。

能力目标

能够绘制横道图。

素质目标

培养学生收集信息、处理信息的能力，计算绘图能力、组织能力。

任务导入

在认识施工进度计划的作用、依据，熟悉常见的施工图的形式基础上，能够依据工程任务编制横道图。

相关知识

一、施工进度计划编制的作用、依据、内容

1. 施工进度计划编制的作用

施工进度计划是根据确定的施工方案和工程项目的开展顺序，对工程项目的所有施工过程进行时间上的安排，并反映整个施工过程中各分部、分项工程及各工序之间的衔接关系。施工进度计划的作用在于确定各个施工项目的施工期限及其开工、竣工日期，安排工程施工进度；在于确定各工程项目、各分部工程及工序之间的衔接关系，找出它们中的关键工作和非关键工作，调整、控制工程施工进度；在于为编制作业计划、物资供应计划、机械使用计划、资金使用计划等施工组织文件提供依据。

2. 施工进度计划编制的依据

(1)工程的全部施工图纸及有关水文、地质、气象和其他技术经济资料。

(2)上级或合同规定的开工、竣工日期。

(3)主要工程的施工方案。

(4)各类有关定额。

(5)劳动力、机械设备供应情况。

3. 施工进度计划编制的内容

施工进度计划编制的成果通过施工进度图体现，施工进度图是施工组织文件的核心文件，它规定了各个施工项目的完成期限和整个工程的总工期，集中体现了施工组织设计的成果。施工进度图一般应包括以下基本内容：

(1)主要工程的工程数量及其分布情况。

(2)各施工项目的施工期限，即开始和结束时间。

(3)各施工项目的施工顺序与衔接情况，专业队之间配合、调动安排。

(4)施工平面示意图。

(5)劳动力的动态需要量图。

二、施工进度计划的形式

施工进度计划通常都是以图表表示的，主要形式有横道图、垂直图和网络图三种。

1. 横道图

横道图也称水平图或甘特图，是在工程实践中应用较广的工程进度图。它以时间为横坐标，以各分部分项工程或工序为纵坐标，按一定先后施工顺序和工艺流程，用带时间比例的水平横线表示对应项目或工序持续时间的施工进度计划表。横道图由两大部分组成：左面部分是以分部分项工程或工序为主要内容的表格；右面部分是用横线表示的指示图表。指示图表用横向线条形象地表示出分部分项工程的施工进度，横线的长短表示施工期限；横线的位置表示施工过程；线上的数字表示劳动力数量；横线的不同符号表示作业队或施工段别，表示出各施工阶段的工期和总工期，并综合反映了各分部分项工程（或工序）相互之间的关系，如图 3-13 所示。

横道图较为简单、直观、易懂，容易编制；便于表达施工计划的总工期和各分部分项工程的持续时间；便于完成施工计划所需要的劳动力、材料、机械设备及资金等各种资源需要量。但是在横道图中分部分项工程或工序的逻辑关系不明确，仅反映工作之间的前后衔接关系；工程数量实际分布不具体，也无法表示，不能进行定量分析；施工日期和施工地点的关系不明确；只能反映平均的施工进度，不能反映工作的机动时间，从而进行施工计划的优化。因此，横道图一般适用于编制集中性工程施工进度计划或简单工程的施工进度计划。

2. 垂直图

垂直图也称斜线图，是在流水作业水平图表的基础上通过扩充和改进而成的，纵坐标表示施工期限，横坐标表示里程或工程位置，用不同的线条或符号表示各项工程及其施工进度，资源平衡可在图表右侧以曲线表示。

施工总体计划表

年度	2021年			2022年												2023年								
月份 主要施工项目	10	11	12	1	2	3	4	5	6	7	8	9	10	11	12	1	2	3	4	5	6	7	8	9	10
1.施工准备及场站建设																									
2.部分引道路基施工																									
3.主河槽段桩基及 桥梁墩台施工																									
4.剩余部分桩基及 桥梁墩台施工																									
5.上部梁板预制及安装																									
6.桥面系施工																									
7.引道路基路面交安 设施及其他附属工程																									
8.拆除旧路基及旧桥																									
9.交工																									

图 3-13　横道图

垂直图一般由三部分组成：图表上部表示各工程项目的工程量按里程分布的具体情况和构造物的具体位置、结构形式等；图表中部用不同的斜线或符号表示了各工序的施工进度和作业组织形式，对应进度线右侧按时间单位以一定的比例绘制出劳动力动态图；图表下部则按里程绘制出施工组织平面示意图，如图 3-14 所示。

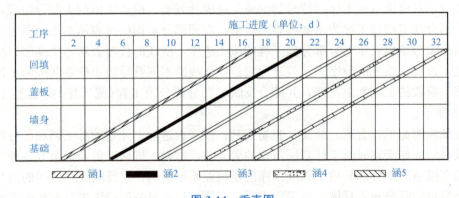

图 3-14　垂直图

垂直图消除了水平图表的不足，能准确、清楚地表达工程数量的分布情况、工程项目与各专业队之间的相互关系、施工的紧凑程度及施工期限，施工平面示意图概括了工程施工的基本情况。从垂直图中可以直接找出任何一天各施工队的施工地点和正在进行的施工项目，可随时了解施工任务的完成情况，也可预测在正常施工条件下的施工进程。垂直图是编制施工进度图的一种较好方式，适用于任何工程。但垂直图不能确定关键工作和非关键工作，不能确定工作的机动时间；不能进行计划方案的优化。

3. 网络图

网络图与横道图、垂直图相比，不但能反映施工进度，而且更能清楚地反映出各个工序、各施工项目之间错综复杂的相互关系、相互制约的生产和协作关系。无论是集中性工程，还是线型工程，都可以用网络图表示工程进度，尤其是时标网络图更能准确、直观地表达工程进度；因此，这是一种比较先进的工程进度图的表示形式，其缺点是阅读起来不如横道图和垂直图直观，如图 3-15 所示。

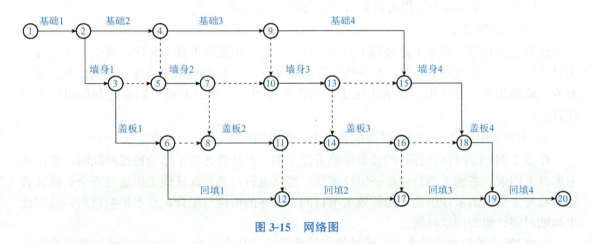

图 3-15　网络图

三、施工进度计划编制

(一)作图参数的确定

1. 列项

在编制施工进度图时，首先要对有关作图参数予以计算或确定，要划分生产过程的细目，即划分工序。列项时应注意以下几项：

(1)所列项目要依选用的施工方法而定；

(2)分项目粗细程度一般宜与定额子目相应；

(3)按施工顺序填列，不可漏列、重列、错列。

选择施工方法首先要考虑工程的特点与机械的性能，其次考虑施工单位所具有的机械条件和技术状况，最后考虑技术操作上的合理性，确定施工方法后，应根据具体条件选择最先进的、合理的组织方法。

2. 计算工程量与劳动量

将施工过程细目列出后，即可根据设计图纸，并依照有关工程量计算规则，逐项计算工程量。

劳动量就是划分的施工过程(细目)的工程量与相应的时间定额的乘积。人工操作时称劳动量，是劳动力数量与生产周期的乘积；机械操作时称自然数作业量，是机械台数与生产周期的乘积。计算劳动量时要注意施工现场的具体情况和施工的难易程度。如同样是挖基坑的工程数量，挖普通土和挖硬土的劳动量不同；同样是砌筑的工程数量，材料的运距不同，劳动量也不同。

劳动量可按式(3-10)、式(3-11)计算。

$$D=Q/C \qquad\qquad (3\text{-}10)$$
$$D=Q\times S \qquad\qquad (3\text{-}11)$$

式中　D——完成某施工过程所需要的劳动量(工日)或机械台班作业量(台班)；

　　　Q——完成某施工过程所需要的工程数量；

　　　C/S——完成施工过程所需要的产量定额/时间定额。

3. 作业班制确定

现行定额规定，潜水工作按每工日 6 h 计，隧道工作按每工日 7 h 计，其余工作均按每工日 8 h 计。为缩短施工工期，在条件允许的情况下，24 h 内组织二班或三班制作业。但二班或三班制作业主要适用于要求连续生产的作业项目，需要突击或工期起控制作用的关键项目。

4. 作业工期(工序持续时间)与所需人力、机械的数量计算

作业工期(工序持续时间)的长短影响着总工期，在计算各项工作的持续时间时，要认真考虑以下因素：各施工项目应按一定技术操作程序进行；必须保证施工质量与安全；保证劳动人数与工作面的最佳组合；相邻施工项目间有良好的衔接与配合，互不影响进度；确定技术间歇时间、组织间歇时间。

(1)以施工单位现有的人力、机械的实际数量及工作面大小，来确定完成该劳动量所需的持续时间。一般可按式(3-12)计算。

$$T=\frac{D}{Rn} \qquad\qquad (3\text{-}12)$$

式中　T——完成某施工过程的生产周期(即持续时间)；

　　　R——完成某施工过程所需的工人人数或机械台数；

　　　n——每天生产工作班制数。

(2)根据规定的工期来确定施工队(班组)人数或机械台数。

$$R=\frac{D}{nT} \qquad\qquad (3\text{-}13)$$

式中符号意义同前。

(3)主导工期与工作班制。由以上计算可知，当某分部分项工程所配置的劳动量或工作量确定后，可根据该项目所投入的劳动力和机械数量，分别计算人工和各机械的施工工期。其中，工期最长的项目为主导项目，主导项目的工期称为主导工期。

主导工期的长短主要取决于各种分部分项工程中各项作业的人工和机械的投入量，人工和机械的投入量与工作面有关，是可调节的，因此，施工过程的主导作业和其主导工期也是可以改变的。在编制进度图时，应尽量调节各种作业人数和机械数量，使施工过程中的工期一致。

一般情况下，应以人工作业工期为主导工期，其他作业应调节机械投入量或作业班制以满足人工工期要求，条件允许的情况下，可采用在 24 h 内组织二班或三班作业，缩短作业的持续时间。二班或三班作业主要适用于工艺要求连续施工或突击缩短工期的作业项目，以

及需要调节工期的作业项目。一般情况下，桥梁工程中可采用二班或三班制，而在路线工程则采用一班作业。

【例3.5】　某水泥混凝土路面工程，其工程量为 50 000 m²，人工铺筑，路面厚度为 20 cm，假设施工队有工人 150 人、2 台真空吸水机组、2 台混凝土切缝机、4 台 50 L 混凝土拌合机及 1 台 10 000 L 以内的洒水汽车，试计算施工图阶段施工进度图中该项工程的劳动量、生产周期及当要求工期为 80 d 时，一班制作业所需人数和机械台数。

解： 因属于施工图阶段，故采用《公路工程预算定额（上、下册）》（JTG/T 3832—2018），其步骤如下：

(1)定额编号。根据施工方法查得其定额编号为 2—2—17—1。

(2)劳动量计算。由上述定额查得人工时间定额为 174.2 工日/1 000 m²，则劳动量为

$$D_R = 5\,0000 \times 174.2/1\,000 = 8\,710\,(\text{工日})$$

(3)机械作业量计算。

由上述定额查得机械时间定额：水泥混凝土真空吸水机组 2.47 台班/1 000 m²；混凝土切缝机 2.486 台班/1 000 m²；250 L 以内混凝土搅拌机 5.28 台班/1 000 m²，10 000 L 以内的洒水汽车 1.12 台班/1 000 m²，则机械的作业量：

混凝土真空吸水机组：$D_A = 50\,000 \times 2.47/1\,000 = 123.5\,(\text{台班})$

混凝土切缝机：$D_B = 50\,000 \times 2.486/1\,000 = 124.3\,(\text{台班})$

混凝土搅拌机：$D_C = 50\,000 \times 5.28/1\,000 = 264\,(\text{台班})$

10 000 L 以内的洒水汽车：$D_D = 50\,000 \times 1.12/1\,000 = 56\,(\text{台班})$

(4)生产周期计算。当采用一班制时，

人工：$t = 8\,710/150 \approx 58\,(\text{d})$

混凝土真空吸水机组：$t_A = 123.5/2 \approx 62\,(\text{d})$

混凝土切缝机：$t_B = 124.3/2 \approx 63\,(\text{d})$

混凝土搅拌机：$t_C = 264/4 \approx 66\,(\text{d})$

洒水汽车：$t_D = 56/1 \approx 56\,(\text{d})$

如无特殊要求，则混凝土搅拌机为主导劳动量，本工程的生产周期按 66 d 控制。

(5)工人数及机械台数计算。当要求 80 d 工期时，工人数及机械台数计算：

施工人数：$R = 8\,710 \div 80 = 108.875 \approx 109\,(\text{人})$

混凝土真空吸水机：$R_A = 123.5/80 = 1.54 \approx 2\,(\text{台})$

混凝土切缝机：$R_B = 124.3/80 = 1.55 \approx 2\,(\text{台})$

混凝土搅拌机：$R_C = 264/80 = 3.3 \approx 4\,(\text{台})$

洒水汽车：$R_D = 56/80 = 0.7 \approx 1\,(\text{台})$

(二)施工进度计划图的编制

1. 确定施工方法及机具

选择施工方法应在技术上具有合理性，并应满足先进性和可行性，施工方法一经确定，施工机具的选择就应以满足它的需求为基本依据，而正确选择施工机具能使施工方法更为先进合理。应尽量采用机械施工，提高机械化水平，加快施工进度。

2. 选择施工组织方法

根据具体的施工条件选择先进合理、经济的施工组织方法。流水作业法是工程施工较好的组织方法，对于工程技术复杂、涉及面广的大型工程，则应考虑采用平行流水作业法、立体交叉流水作业法等；如工作面受限制时，工期要求不紧的小型工程只能采用顺序作业法。

3. 划分施工项目

每项工程都是由若干个相互关联的施工项目所组成的，划分施工项目应结合施工条件和劳动组织等因素，与施工方法相一致，使进度计划能够完全符合施工实际进展情况，真正起到指导施工的作用。施工项目划分粗细程度与施工进度图的用途、工程结构特点有关。通常按所采用的定额的细目或子目来划分，便于查阅定额。

划分施工项目时，必须明确哪一项是主导施工项目。主导施工项目常常控制施工进度，所以应首先安排好主导施工项目的施工进度，其他施工项目的进度要密切配合。

4. 排列施工顺序

按照客观的施工规律和合理的施工顺序，将所划分的施工项目进行排序，如施工准备、路基处理、路基填筑、涵洞、防护及排水、路面基层、路面面层等。路面基层施工项目必须放在路基填筑、涵洞施工项目的后面。注意不要漏列、重列。施工进度图的实质是科学合理地确定这些施工项目的排列顺序。

5. 划分施工段，找出最优施工次序

设计阶段的施工进度图，一般不明确划分施工段。在实施性进度中，为更好地安排施工进度，缩短施工工期，应划分施工段，组织流水作业，找出最优或较优施工次序，并在施工进度图中表示。

6. 计算工程量与劳动量、确定各施工项目的作业持续时间

各实施项目的工程量计算应与所选择的施工方法一致，当划分施工段，排好次序组织作业时，根据施工图纸及有关工程数量的计算规则，分段计算各个施工项目的工程量，以及为保证施工质量和安全应附加的工程量，在此基础上计算劳动量，并填入相应表格中。确定作业持续时间时注意确定技术间歇时间，组织间歇时间。

7. 初步拟定工程进度

在拟定工程进度时，应考虑施工项目之间的相互配合，如某路线工程采用流水施工，为了使各施工项目尽早投入施工生产，首先集中人力、物力进行第一阶段的施工准备工作，完成后小桥涵等人工构造物可以投入施工，完成后开始路基施工，路基施工完成后开始路面施工等，其他辅助工作(材料加工及运输等)应与工程进度相配合。

拟定工程进度时，应特别注意资源的均衡使用。施工开始后，资源数目应逐渐增加，然后在较长时间内保持稳定，接近完工时又应逐渐减少。初步拟订方案若不能满足规定工期要求，或超过定期物资资源供应量，应对工期进度进行调整。

8. 施工进度计划的检查与调整

当施工进度计划初步完成后，应按照施工过程的连续性、协调性、均衡性及经济性等基本原则进行检查与调整，最后得到工程进度计划，这是一个细致的、反复的过程。

(三)横道图的编制步骤

(1)编制作业工期计算表。

1)准备好作业工期计算表,见表3-9。

2)根据施工图纸和有关资料及施工条件,按规定方法划分施工项目,计算实际工程数量。

3)编制合理的施工顺序,确定施工方法,按要求列项,将施工项目(工序)列项,并填入表中第2栏,将施工方法填入第3栏。

4)在表3-9中逐项计算各施工过程的实际工程数量、劳动量(作业量),某些工程数量可从图纸或概预算中转来。

5)在表3-9中逐项确定施工单位作业班制、实用人数和机械台数及规格、作业工期,或确定主导工期,反求人工和机械数量。

6)在表3-9中逐项确定主导工期。

表3-9　作业工期计算表

序号	施工项目	施工方法	工程数量		定额编号	主导工期	人工劳动量		实用人数		人工作业工期
			单位	数量			定额	数量	作业班制	每班人数	
1	2	3	4	5	6	7	8	9	10	11	12

序号	机械作业量(台班)									实用机械台数与作业工期					
	机		机		机		机			机			机		
	定额	数量	定额	数量	定额	数量	班制	台数	工期	班制	台数	工期	班制	台数	工期
1	13	14	15	16	17	18	19	20	21	22	23	24	25	26	27

(2)绘制施工进度线。

1)绘制进度图的图框和表格。

2)将"作业工期计算表"中的施工项目及有关数据,转抄于图中。

3)按合同或上级规定的开、竣工日期,在图中填出日历。

4)按"作业工期计算表"计算的主导工期,根据施工项目(工序)之间的逻辑关系,确定施工作业组织方法(顺序作业法、平行作业法、流水作业法等),在进度图上合理设计各施工项目的施工起止日期,用直线或不同符号、不同颜色的线条在施工进度图上绘制作业进度。进度图的习惯表示方法是以线的位置表示施工项目,以线的长短表示工期,线上的注字说明人工、机械数量和作业班制,线的符号表示不同施工段、工种、专业队等。

5)绘制劳动力、材料等资料的数量-时间曲线。

6)在施工项目进度安排上进行反复比较,反复修改,同时修改作业工期计算表,直至合理为止。

7)在进度图的适当位置编写施工进度图的说明，并列出图例。

(3)进行多方案的反复平衡比较、最后择优定案。

⚙ 任务实施

任务名称	编制横道图	任务编号	3-3
任务描述	确定工作持续时间，绘制横道图	实训时长	
工作内容		初步成果	
1. 根据图纸等资料确定某分部分项工程持续时间			
2. 依据图纸等资料绘制横道图			

⚙ 能力训练

1. 编制施工进度计划的依据有哪些？
2. 横道图的特点有哪些？
3. 什么是劳动量？如何计算？
4. 横道图编制程序包括哪些？

任务四 编制网络计划图

学习目标

知识目标

了解网络图的特点及分类。掌握单、双代号网络图的绘制方法，掌握单、双代号网络图时间参数的计算方法，关键线路的确定方法。掌握时标网络图的绘制方法，熟悉网络图优化的主要内容与过程。

能力目标

能够绘制网络图，计算参数，找出关键线路。

素质目标

培养学生信息处理能力、计算绘图能力、组织能力，以及探索精神。

任务导入

在认识网络图特点、分类、绘制方法、时间参数、优化方法的基础上，能够绘制相应的网络图，计算时间参数，找出关键线路，能够依据工程任务编制网络计划图。

相关知识

网络计划技术是20世纪50年代出现的一种计划管理方法，为说明网络计划技术，首先要了解什么是网络图。网络图是由箭线和节点组成，用来表示工作流程的有向、有序的网状图形。在网络图上加注工作的时间参数而编成的进度计划，称为网络计划。用网络计划对任务的工作进度进行安排和控制，以保证实现预定目标的科学的计划管理技术，称为网络计划技术。网络计划管理流程如图3-16所示。

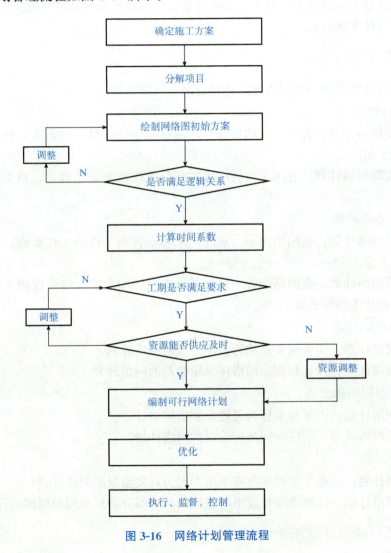

图 3-16　网络计划管理流程

网络计划技术与传统的横道图计划管理相比，具有以下特点：

(1)从工程整体出发，统筹安排，能明确地反映各工作之间的先后顺序和相互制约、相互依赖关系。

(2)通过网络时间参数计算，能找出决定工期的关键线路和关键工作及有机动时间的非关键工作，从而使管理人员心中有数，抓主要矛盾，确保控制计划总工期和合理安排人力、物力和资源，从而降低成本，缩短工期。

（3）通过优化，可在若干可行方案中找出最优方案。

（4）网络计划在执行过程中，由于可通过时间参数计算，预先知道各工作提前或推迟完成对整个计划的影响程度；管理人员可以采取技术组织措施对计划进行有效控制与监督，从而加强施工管理工作。

（5）可以利用计算机进行时间参数计算、优化、调整，从而提高管理效率。

由于网络计划实际计算工作量大，调整复杂，如果不利用计算机处理这些工作，实际工作中很难发挥该技术的特点。

一、网络计划的分类

按照不同的分类原则，可以将网络计划分为不同的类别。

1. 按性质分类

（1）肯定型网络计划：各项工作的持续时间都是确定的、单一的数值，整个网络计划有确定的计划总工期。

（2）非肯定型网络计划：各项工作的持续时间只能按概率方法确定，整个网络计划无确定计划总工期。

2. 按表示方法分类

（1）双代号网络计划：在网络图中，箭线用来表示各项工作的工作名称、工作时间及工作之间的逻辑关系。

（2）单代号网络计划：在网络图中，每个节点表示一项工作，箭线仅用来表示各项工作间相互制约、相互依赖的关系。

3. 按工作衔接分类

（1）普通网络计划：工作间关系均为首尾衔接的网络计划。

（2）搭接网络计划：按各种规定的搭接时距绘制的网络计划。

4. 按有无时间坐标分类

（1）时标网络计划：以时间坐标为尺度绘制的网络计划。

（2）非时标网络计划：不按时间坐标绘制的网络计划。

5. 按层次分类

（1）总网络计划：以整个建设项目或单项工程为对象编制的网络计划。

（2）局部网络计划：以建设项目或单项工程的某一部分为对象编制的网络计划。

二、双代号网络计划图的绘制

1. 网络图的组成

双代号网络图由箭线、节点和线路三个要素组成。

（1）箭线。箭线表示一项工作，也表示施工的方向与施工顺序。箭尾表示工作的开始，箭头表示工作的结束，箭线表示工作内容。箭线又可分为实箭线和虚箭线。

1）实箭线，常用"→"表示。实箭线表示的工作既要消耗时间又要消耗资源。如完成浇筑混凝土需消耗一定的工、料、机和时间。有些工作只消耗时间，而不消耗资源，如油漆的干燥等。

2）虚箭线，常用"----▶"表示。虚箭线表示的工作既不消耗时间，也不消耗资源，是一个虚拟的工作，它只是用来表达相邻前后工作之间的逻辑关系。虚箭线可起连接前后工作及隔断工作关系的作用。

（2）节点。节点表示工作与工作之间的衔接关系，具有瞬时性，代表前一项工作结束，后一项工作开始的关系，常用圆圈加一编号表示。

对于某一节点而言，指向节点的箭线称为该节点的内向箭线；从节点出发的箭线称为该节点的外向箭线。在图 3-17 中，箭线为 i 节点的外向箭线，同时是 j 节点的内向箭线。

对于一个网络图而言，最先开始的、无内向箭线的节点为开始节点；最终结束的、无外向箭线的节点为终点节点；既有内向箭线又有外向箭线的节点为中间节点。

（3）线路。线路是指网络计划图中顺箭线方向由开始节点至结束节点的一系列节点箭线组成的通路。在一个网络图中通常有多条线路，也可能只有一条线路，一条线路中包含着若干项工作。

2. 网络图中工作关系及其表示方法

（1）工作关系（图 3-18）。绘制网络图时，除遵循绘制规则外，还应弄清楚各工作之间的工作关系。所谓工作关系，是指工作进行时客观上存在的一种先后顺序关系。这种关系有以下三种类型。

1）紧前工作：紧排在某一工作前的工作称为该工作的紧前工作。

2）紧后工作：紧排在某一工作后的工作称为该工作的紧后工作。

3）平行工作：与某一工作平行的工作称为该工作的平行工作。

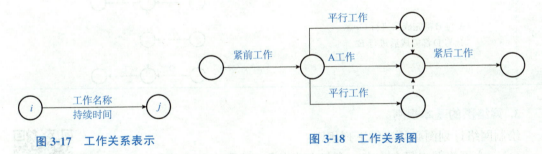

图 3-17　工作关系表示　　　　**图 3-18　工作关系图**

（2）逻辑关系模型。在网络图中，各个工序之间的逻辑关系是复杂多变的，表 3-10 中列出了网络图中常见的一些逻辑关系及表示方法，表中的工序名称均以字母表示。

表 3-10　各工序逻辑关系模型

序号	工作之间的逻辑关系	网络图中的表示方法
1	A 完成后进行 B，B 完成后进行 C	A → B → C

序号	工作之间的逻辑关系	网络图中的表示方法
2	A 完成后，BC 同时开始	
3	AB 同时结束后 C 开始	
4	BC 同时开始且同时结束	
5	A 与 B 都完成后同时进行 C 与 D	
6	A 完成后进行 C，A 与 B 都完成后进行 D	
7	A 与 B 都完成后进行 C，B 与 D 都完成后进行 E	

3. 网络图的基本规则

绘制网络计划图必须遵循下列规则：

（1）一个网络图中只允许有一个起点节点和一个终点节点（图 3-19）。

动画：双代号网络图逻辑关系

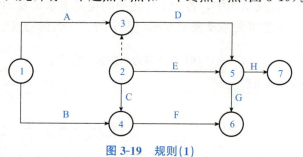

图 3-19　规则（1）

如图 3-19 所示的网络图中有两个起点节点①、②，以及两个结束节点⑥、⑦，这在网络图中是不允许的。

(2)一对节点之间只能有一条箭线。在双代号网络图中，两个代号表示一项工作，为避免工作名称的重复，一对节点之间只能有一条箭线，不允许出现代号相同的工作。

如图 3-20(a)是错误的，图 3-20(b)是正确的。

(3)在网络计划图中，不允许出现闭合回路，如图 3-21 中 C、D、E 三个工作组成的回路。

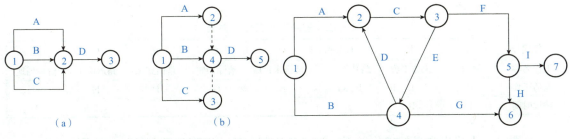

图 3-20　规则(2)　　　　　　　　　　图 3-21　闭合回路

(4)一条箭线箭头节点编号应大于箭尾节点编号，但可以不连续。

(5)在网络计划图中，不允许出现相同编号的节点或相同代码的工作。

(6)网络图中不允许出现双向箭头的箭线、反向箭线及无箭头的线段。

(7)网络计划图的布局应合理，要尽量避免箭线的交叉。如不可避免箭线交叉，应采用暗桥法(图 3-22)或断线法(图 3-23)处理。

图 3-22　暗桥法　　　　图 3-23　断线法　　　动画：双代号网络图绘制规则

【例 3.6】　根据表 3-11 绘制双代号网络图。

表 3-11　工作表

工作代号	A	B	C	D	E	F	H	I
紧前工作	—	—	A	A	A	B、C	E、F	D、E、F
持续时间	5	6	3	4	6	2	3	5

双代号网络图如图 3-24 所示。

【例 3.7】　某道路工程分为测量、土方工程、路基施工、安装排水设施、清除杂物、路面施工、路肩施工、清理场地等项工作，各工作关系见表 3-12，绘制双代号网络图。

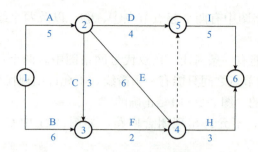

图 3-24　双代号网络图

表 3-12　道路工程工作关系表

工作代号	A	B	C	D	E	F	G	H
工作名称	测量	土方工程	路基施工	安装排水设施	清除杂物	路面施工	路肩施工	清理场地
紧后工作	B	C、D、E	F、G	F	G	H	H	—
持续时间	1	10	2	5	1	3	2	1

　　绘图时，先找出常见的工作关系，注意其绘制方法，即可很顺利地绘制出图，如图 3-25 为整理后的图。

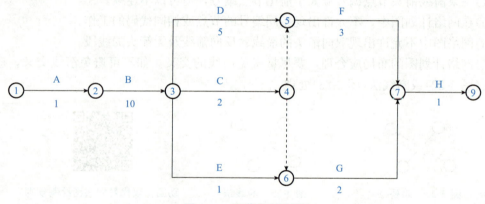

图 3-25　双代号网络图

【例 3.8】　二级公路某梁桥，2-25M，桥台 A、C 为明挖基础，桥墩 B 为钻孔灌注桩基础，地面水深为 1 m，台基础采用反铲挖掘机施工，墩基础采用冲击钻冲孔，墩基础施工时草袋围堰，现浇墩台，模板各一套，梁板预制，起重机吊装。此工程的工作划分及时间见表 3-13。

表 3-13　工作一览表

编号	工作名称	持续时间/d	编号	工作名称	持续时间/d
1	挖基 A	7	7	承台 B	2
2	围堰 B	3	8	桥台 A	12
3	挖基 C	7	9	桥台 C	13
4	基础 A	4	10	桥墩 B	8
5	基础 C	4	11	吊梁 1	2
6	桩基础 B	24	12	吊梁 2	1

确定完施工方法，划分工作项目，分析工作先后顺序的逻辑关系，如图 3-26 所示。

图 3-26　逻辑关系图

网络计划图如图 3-27 所示。

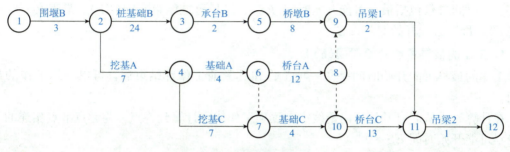

图 3-27　网络计划图

【例 3.9】　某工程需建预制 4 个通道涵，划分工作为挖基、基础、通道墙、盖板及回填土等 4 项，分别组织 4 个作业队进行流水施工，绘制双代号网络图。

网络计划图如图 3-28 所示。

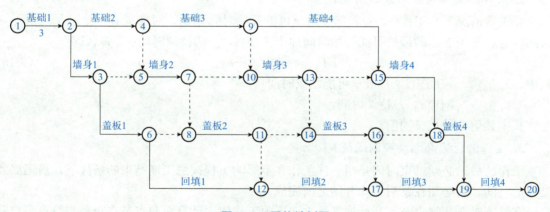

图 3-28　网络计划图

微课：双代号网络计划
的绘制

动画：绘制双代号网络应
注意问题

动画：虚箭线的
断路作用

三、时间参数的计算及关键线路

双代号网络计划图的时间参数按其特性可分为控制性时间参数和协调性时间参数两类。控制性时间参数是指节点时间参数和工作时间参数；协调性时间参数是指工作的时差，即机动时间。通常，在计算节点时间参数和工作时间参数时，都要计算时差。

为简化，网络计划的时间参数计算统一假定工作的持续时间是已知的，工作的开始时间与结束时间都以时间单位的终了时刻为计算标准。

(一)工作时间参数计算

工作时间参数包括最早可能开始时间(ES)、最早可能结束时间(EF)、最迟必须结束时间(LF)、最迟必须开始时间(LS)。

1. 工作的最早可能开始时间(ES)

工作的最早可能开始时间是指一项工作在其紧前工作都结束后，可以开始工作的最早时间。

在计算时，从起点开始，沿箭线方向逐项工作依次计算到终点。与起点节点相连的工作的最早可能开始时间 $ES=0$。

$$ES_{(i,j)} = \max\{ ES_{(h,i)} + t_{(h,i)} \} \tag{3-14}$$

式中　$ES_{(i,j)}$——工作(i，j)最早可能开始时间；

　　　$ES_{(h,i)}$——紧前工作(h，i)最早可能开始时间；

　　　$t_{(h,i)}$——紧前工作(h，i)持续时间。

2. 工作的最早可能结束时间(EF)

在正常情况下，工作(i，j)若能在最早可能开始时间开始，对应就有一个最早可能结束时间，它就等于工作的最早可能开始时间加上工作(i，j)的持续时间(i，j)，即

$$EF_{(i,j)} = ES_{(i,j)} + t_{(i,j)} \tag{3-15}$$

式中　$EF_{(i,j)}$——工作(i，j)最早可能结束时间；

　　　$t_{(i,j)}$——工作(i，j)持续时间。

式中其他符号意义同前。

3. 工作的最迟必须结束时间(LF)

工作的最迟必须结束时间是指一项工作在不影响工程按总工期结束的条件下，最迟必须结束的时间，它必须在紧后工作开始之前完成。

在计算时，从终点节点开始逆箭线方向逐项工作依次计算至起点节点止，与终点节点相连的各工作的最迟必须结束时间一般就是计划工期，若另有规定就取规定工期。

$$LF_{(h,i)} = \min\{ LF_{(i,j)} - t_{(i,j)} \} \tag{3-16}$$

式中　$LF_{(h,i)}$——工作(h，i)最迟必须结束时间；

　　　$LF_{(i,j)}$——紧后工作(i，j)最迟必须结束时间。

式中其他符号意义同前。

4. 工作的最迟必须开始时间(LS)

在正常情况下，与工作的最迟必须结束时间相对应有工作的最迟必须开始时间。它为工

作最迟结束时间减去该工作的持续时间。即

$$LS_{(i,j)} = LF_{(i,j)} - t_{(i,j)} \qquad (3\text{-}17)$$

式中　$LS_{(i,j)}$——工作 $(i，j)$ 最迟必须开始时间。

式中其他符号意义同前。

(二)工作时差计算

时差反映工作在一定条件下的机动时间范围。通常可分为总时差、局部时差、相关时差和独立时差。这里只介绍总时差与局部时差。

1. 总时差(TF)

工作的总时差 $TF_{(i,j)}$ 是指在不影响紧后工作的最迟开始时间的条件下，工作 $(i，j)$ 所拥有的最大机动时间。具体地说，它是在保证本工作以最迟完成时间完工的前提下，允许该工作推迟其最早开始时间或延长其持续时间的幅度。

工作 $(i，j)$ 的总时差计算公式见式(3-18)：

$$TF_{(i,j)} = LF_{(i,j)} - ES_{(i,j)} - t_{(i,j)} = LF_{(i,j)} - EF_{(i,j)} = LS_{(i,j)} - ES_{(i,j)} \qquad (3\text{-}18)$$

式中符号意义同前。

对于任何一项工作 $(i，j)$，当 $TF_{(i,j)} > 0$，说明该工作存在机动时间；当 $TF_{(i,j)} = 0$，说明该工作没有机动时间；当 $TF_{(i,j)} < 0$，说明该工作存在负时差，计划工期长于规定工期，应采取技术组织措施予以缩短。

2. 局部时差(FF)

工作的局部时差 $FF(i，j)$ 是指在不影响其紧后工作的最早可能开始时间的条件下，工作 $(i，j)$ 所具有的最大机动时间。具体地说，它是在不影响紧后工作按最早开始时间开工的前提下，允许该工作推迟其最早开始时间或延长其持续时间的幅度。工作 $(i，j)$ 的局部时差计算公式见式(3-19)：

$$FF_{(i,j)} = ES_{(j,k)} - ES_{(i,j)} - t_{(i,j)} = ES_{(j,k)} - EF_{(i,j)} \qquad (3\text{-}19)$$

式中　$ES_{(j,k)}$——紧后工作 $(j，k)$ 最早可能开始时间，其他符号含义同前。

由以上分析可知，一项工作的总时差对其紧前工作和紧后工作均有影响；而一项工作的局部时差只限于本工作利用，不能转移给紧后工作利用，对紧后工作的时差无影响，但对其紧前工作有影响，如运用工作的局部时差，将使紧前工作时差减少。

【例 3.10】　计算图 3-29 工作的时间参数、总时差、局部时差。

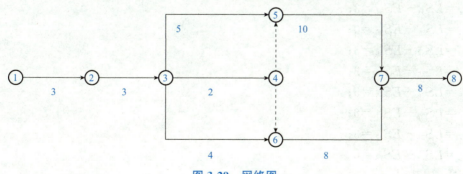

图 3-29　网络图

（1）首先，计算 ES、EF。

与起点节点相连的①→②，

$ES_{12}=0$，$EF_{12}=ES_{12}+t_{12}=0+3=3$；

$ES_{23}=EF_{12}=ES_{12}+t_{12}=3$，$EF_{23}=ES_{23}+t_{23}=6$；

$ES_{34}=ES_{23}+t_{23}=EF_{23}=6$，$EF_{34}=ES_{34}+t_{34}=8$；

$ES_{35}=ES_{23}+t_{23}=EF_{23}=6$，$EF_{35}=ES_{35}+t_{35}=11$；

$ES_{36}=ES_{23}+t_{23}=EF_{23}=6$，$EF_{36}=ES_{36}+t_{36}=10$；

$ES_{45}=ES_{34}+t_{34}=EF_{34}=8$，$EF_{45}=ES_{45}+t_{45}=8$；

$ES_{46}=ES_{34}+t_{34}=EF_{34}=8$，$EF_{46}=ES_{45}+t_{45}=8$；

$ES_{57}=\max\{ES_{35}+t_{35}, ES_{45}+t_{45}\}=\max\{EF_{35}, EF_{45}\}=11$，$EF_{57}=ES_{57}+t_{57}=21$；

$ES_{67}=\max\{ES_{36}+t_{36}, ES_{46}+t_{46}\}=\max\{EF_{36}, EF_{46}\}=10$，$EF_{67}=ES_{67}+t_{67}=18$；

$ES_{78}=\max\{ES_{57}+t_{57}, ES_{67}+t_{67}\}=\max\{EF_{57}, EF_{67}\}=21$，$EF_{78}=ES_{78}+t_{78}=29$；

$T=29$。

（2）计算 LS、LF。

与终点节点相连的工作⑦→⑧，

$LF_{78}=29$，$LS_{78}=LF_{78}-t_{78}=29-8=21$；

$LF_{67}=LF_{78}-t_{78}=LS_{78}=21$，$LS_{67}=LF_{67}-t_{67}=13$；

$LF_{57}=LF_{78}-t_{78}=LS_{78}=21$，$LS_{57}=LF_{57}-t_{57}=11$；

$LF_{46}=LF_{67}-t_{67}=LS_{67}=13$，$LS_{46}=LF_{46}-t_{46}=13$；

$LF_{45}=LF_{57}-t_{57}=LS_{57}=11$，$LS_{45}=LF_{45}-t_{45}=11$；

$LF_{36}=LF_{67}-t_{67}=LS_{67}=13$，$LS_{36}=LF_{36}-t_{36}=9$；

$LF_{35}=LF_{57}-t_{57}=LS_{57}=11$，$LS_{35}=LF_{35}-t_{35}=6$；

$LF_{34}=\min\{LF_{45}-t_{45}, LF_{46}-t_{46}\}=\min\{LS_{45}, LS_{46}\}=11$，$LS_{34}=LF_{34}-t_{34}=9$；

$LF_{23}=\min\{LF_{35}-t_{35}, LF_{36}-t_{36}, LF_{34}-t_{34}\}=\min\{LS_{35}, LS_{36}, LS_{34}\}=6$，$LS_{23}=LF_{23}-t_{23}=3$；

$LF_{12}=LF_{23}-t_{23}=LS_{23}=3$，$LS_{12}=LF_{12}-t_{12}=0$。

（3）计算总时差 TF。

$TF_{12}=LS_{12}-ES_{12}=0-0=0$；

$TF_{23}=LS_{23}-ES_{23}=0$；

$TF_{34}=LS_{34}-ES_{34}=3$；

$TF_{35}=LS_{35}-ES_{35}=0$；

$TF_{36}=LS_{36}-ES_{36}=3$；

$TF_{45}=LS_{45}-ES_{45}=3$；

$TF_{46}=LS_{46}-ES_{46}=5$；

$TF_{57}=LS_{57}-ES_{57}=0$；

$TF_{67}=LS_{67}-ES_{67}=3$；

$TF_{78}=LS_{78}-ES_{78}=0$。

（4）计算局部时差 FF。

$FF_{12}=ES_{23}-EF_{12}=3-3=0$；

$FF_{23}=ES_{34}-EF_{23}=ES_{35}-EF_{23}=ES_{36}-EF_{23}=0$；

$FF_{34}=ES_{45}-EF_{34}=0$；

$FF_{35}=ES_{57}-EF_{35}=0$；

$FF_{36}=ES_{67}-EF_{36}=0$；

$FF_{57}=ES_{78}-EF_{57}=0$；

$FF_{67}=ES_{78}-EF_{67}=3$。

为方便可以采用图上计算法，如图 3-30 所示。

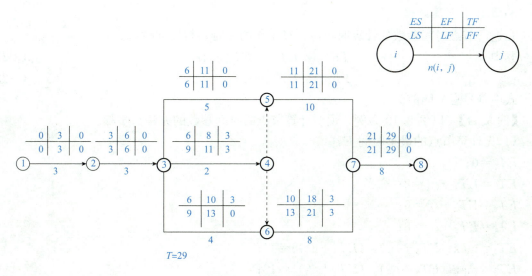

图 3-30　图上计算法

（三）节点时间参数

节点时间表示工作开始或结束的瞬间，节点参数包括节点的最早可能实现时间，即节点最早时间（ET）和节点的最迟实现时间，即节点最迟时间（LT）。

1. 节点的最早可能实现时间（ET）

节点的最早可能实现时间是指以计划起点节点的时间 $ET_{(1)}=0$ 为起点，沿着各条线路达到每个节点的时刻，它表示该节点紧前工作的全部完成，其紧后工作最早可能开始时间。在计算时，从起点节点开始，沿箭线方向依次计算每个节点，直至终点节点。其计算公式表示为

$$ET_{(j)}=\max\{ET_{(i)}+t_{(i,j)}\} \quad (j=2,3,4,\cdots,n) \tag{3-20}$$

微课：双代号
网络图工作
时间参数计算

式中　$t_{(i,j)}$——工作(i,j)的持续时间；

n——网络计划图中终点节点的编号。

按式（3-20）计算得到终点节点的最早可能实现时间即计划的总工期。

$$ET(n)=T$$

2. 节点的最迟实现时间(LT)

节点的最迟实现时间是指在计划工期确定的情况下，从网络计划图终点节点开始，逆向推算即得各节点的最迟实现时间。它表示该节点前各工作的结束不能迟于这个时间，如果迟于这个时间，就会影响计划工期。在计算时，从终点节点开始逆箭线方向依次计算每个节点，直至起点节点为止，终点节点的最迟时间一般就是计划工期，即该节点的最早时间，若另有规定就取规定工期。其计算公式表示为

$$LT_{(i)}=\min\{LT_{(j)}-t_{(i,j)}\} \quad (i=n-1,\ n-2,\ \cdots,\ 2,\ 1);\ (j-1\geqslant1) \tag{3-21}$$

式中符号意义同前。

由此可以看到节点参数与工作参数的关系为 $ES_{(i,j)}=ET_{(i)}$；$LF_{(i,j)}=LT_{(j)}$。

3. 工作的时差计算

在进行节点时间参数的计算时也应计算工作的总时差与局部时差。

其中
$$TF_{(i,j)}=LT_{(j)}-ET_{(i)}-t_{(i,j)} \tag{3-22}$$
$$FF_{(i,j)}=ET_{(j)}-ET_{(i)}-t_{(i,j)} \tag{3-23}$$

式中符号意义同前。

【例3.11】 以例3.10为例，说明计算节点的时间参数的方法与步骤。

(1)先计算节点的最早时间 ET。

$ET_1=0$；

$ET_2=ET_1+t_{12}=3$；

$ET_3=ET_2+t_{23}=6$；

$ET_4=ET_3+t_{34}=8$；

$ET_5=\max\{(ET_3+t_{35}),\ (ET_4+t_{45})\}=11$；

$ET_6=\max\{(ET_3+t_{36}),\ (ET_4+t_{46})\}=10$；

$ET_7=\max\{(ET_5+t_{57}),\ (ET_6+t_{67})\}=21$；

$ET_8=ET_7+t_{78}=29$；

$T=29$。

(2)计算节点最迟时间 LT。

$LT_8=T=29$；

$LT_7=LT_8-t_{78}=29-8=21$；

$LT_6=LT_7-t_{57}=11$；

$LT_5=LT_7-t_{67}=13$；

$LT_4=\min\{(LT_5-t_{45}),\ (LT_6-t_{46})\}=11$；

$LT_3=\min\{(LT_5-t_{35}),\ (LT_4-t_{34}),\ (LT_6-t_{36})\}=6$；

$LT_2=LT_3-t_{23}=3$；

$LT_1=LT_2-t_{12}=0$。

(3)计算总时差 TF。

$TF_{12}=LT_2-ET_1-t_{12}=3-0-3=0$；

$TF_{23}=LT_3-ET_2-t_{23}=0$；

$TF_{34}=LT_4-ET_3-t_{34}=3;$

$TF_{35}=LT_5-ET_3-t_{35}=0;$

$TF_{36}=LT_6-ET_3-t_{36}=3;$

$TF_{45}=LT_5-ET_4-t_{45}=3;$

$TF_{46}=LT_6-ET_4-t_{46}=5;$

$TF_{57}=LT_7-ET_5-t_{57}=0;$

$TF_{67}=LT_7-ET_6-t_{67}=3;$

$TF_{78}=LT_8-ET_7-t_{78}=0。$

（4）计算局部时差 FF。

$FF_{12}=ET_2-ET_1-t_{12}=3-0-3=0;$

$FF_{23}=ET_3-ET_2-t_{23}=0;$

$FF_{23}=ET_3-ET_2-t_{23}=0;$

$FF_{34}=ET_4-ET_3-t_{34}=0;$

$FF_{35}=ET_5-ET_3-t_{35}=0;$

$FF_{36}=ET_6-ET_3-t_{36}=0;$

$FF_{45}=ET_5-ET_4-t_{45}=3;$

$FF_{46}=ET_6-ET_4-t_{46}=2;$

$FF_{57}=ET_7-ET_5-t_{57}=0;$

$FF_{67}=ET_7-ET_6-t_{67}=3;$

$FF_{78}=ET_8-ET_7-t_{78}=0。$

若采用图上计算法，如图 3-31 所示。

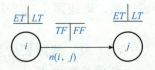

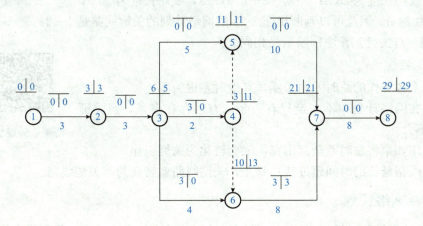

图 3-31　图上计算法

(四)关键线路及其确定

1. 线路长度

在网络计划图中顺箭线方向由开始节点至结束节点的一系列节点箭线组成了线路，每条线路均由一些工作组成，这些工作持续时间之和就是这条线路的长度。

2. 关键线路

网络图的各条线路中，持续时间之和最长的线路即关键线路。关键线路上的工作称为关键工作。

3. 非关键线路

网络计划图中除关键线路外的线路，即非关键线路。非关键线路中存在时差的工作称为非关键工作。非关键线路上的工作并非全由非关键工作组成。

4. 关键线路的确定

关键线路确定的方法有很多，下面介绍三种简单易行的方法。

(1)如果工作的总时差为零，则它必是关键工作。因此，只要连接网络计划中总时差为零的工作组成通路，就可以确定出关键线路，关键线路一般在图上以双箭线或加粗线标明。

(2)关键线路上所有节点的两个时间参数均相等；反过来，如果节点的两个时间参数相等，该节点不一定是关键线路上的节点，要成为关键线路上的节点，还需加上条件：箭尾节点时间＋工作持续时间＝箭头节点时间，满足此两条件的工作，即关键工作。

(3)在网络计划图中，找出其包含的所有线路，并计算出线路长度，通过最长的线路找出关键线路。

【例3.12】 以例3.10、例3.11为例，说明关键线路的确定方法。

在例3.10与例3.11中，经计算总时差为0的工作：工作12，工作23，工作35，工作57，工作78，顺箭线方向由开始节点至结束节点连成通路，即线路1—2—3—5—7—8为关键线路。

如在图3-29中，存在的线路共有4条：1—2—3—5—7—8，线路长度为29 d；1—2—3—4—5—7—8，线路长度为26 d；1—2—3—6—7—8，线路长度为26 d；1—2—3—4—6—7—8，线路长度为24 d。因此可以判断出图3-29的网络计划的关键线路是1—2—3—5—7—8，总工期为29 d。与关键工作法判断结果相同。

5. 关键线路的特性

(1)关键线路上各工作的总时差均为零，其他时差也为零。

(2)关键线路在网络计划中不一定只有一条，有时存在多条，但关键工作所占比重并不大。

动画：关键线路

(3)非关键工作如果将总时差全部用完，就会转化为关键工作。

(4)当非关键线路延长的时间超过其总时差，关键线路就转变为非关键线路。

四、时间坐标网络计划

时间坐标网络计划简称时标网络计划，是网络计划的另一种表达形式。前面所介绍的网络计划是一般网络计划。在一般网络计划中，工作的持续时间由箭线下方标注的时间来表明，但因没有时标，看起来就不直观，不能清楚地在网络计划图上直接看出各项工作的开始时间和结束时间。

为了克服一般网络计划所存在的不足，就产生了时标网络计划。它在一般网络计划的上方或下方增加一个时间坐标，箭线的水平投影长度即表示该工作的持续时间。这样，时标网络计划就更能够表达进度计划中各项工作之间恰当的时间关系，使网络计划图易于理解、方便应用。另外，时标网络计划还是计划管理人员分析计划和对网络计划进行优化的有力工具。

(一)时间坐标网络计划的绘制

时间坐标网络计划图可以按节点最早时间、节点最迟时间标画。这种时标网络计划图主要供计划管理人员分析计划和实施资源优化用。

1. 按节点最早时间标画时标网络

画法步骤如下：

(1)计算网络，求出各节点的时间参数，并确定关键线路。

(2)作出时间坐标，按节点最早时间确定节点位置，把关键线路画在网络图中适当的位置。

(3)按节点最早时间标画出非关键线路。

【例 3.13】　将图 3-32 所示的一般网络计划图，按节点最早时间把它标画成时间坐标网络计划图。

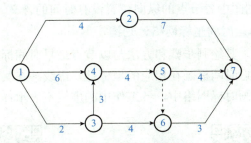

图 3-32　双代号网络图

①采用图上计算法计算节点时间参数，如图 3-33 所示。

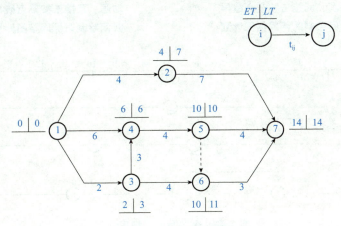

图 3-33　计算结果图

②按节点最早时间将节点准确定位在时间坐标的刻度上，并按上述步骤将它绘制成时标网络计划图，如图 3-34 所示。

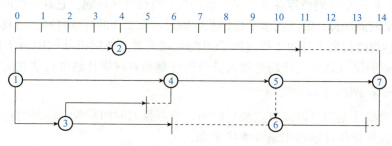

图 3-34　最早时间坐标网络图

在标画时标网络计划图时，应注意以下几项：

(1)时标网络计划图中所有节点的位置，应按节点的最早可能实现时间标画在相应的时间坐标上。

(2)由起点节点开始，顺箭线方向绘制箭线到终点节点，工作用实箭线表示，实箭线的长短表示工作持续时间的长度，工作的机动时间(局部时差)用虚线表示，虚线补在实线的右侧，虚工作仍用虚箭线表示。

(3)时间坐标网络计划图中各节点的纵向位置没有时间的含义。

2. 按节点最迟时间标画时间坐标网络计划图

仍以上述网络图为例，其绘制步骤和方法与以节点最早时间标画完全相同，但需要注意的是所有节点，按节点最迟时间标画在相应的坐标处，虚线补在实箭线的左侧。

在按节点最迟时间标画时标网络中，各工作中的虚线不表示任何时差，如图 3-35 所示。

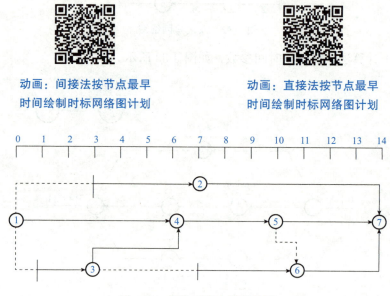

动画：间接法按节点最早
时间绘制时标网络图计划

动画：直接法按节点最早
时间绘制时标网络图计划

图 3-35　最迟时间坐标网络图

从最早与最迟时标网络可以看出，前者的特点是"前紧后松"；后者的特点是"前松后紧"。

(二)时间坐标网络计划的特点和应用

1. 特点

(1)时间坐标网络计划比较接近通常使用的横道图，不仅能反映出工作的逻辑关系，还能直观地反映整个计划的时间进程。

动画：间接法按节点最迟时间绘制时标网络图计划

(2)时间坐标网络计划能直接反映出各项工作的开始时间和结束时间，机动时间及关键线路，在计划执行过程中，可以随时查出哪些工作应该已经完成，哪些工作正在进行及哪些工作将要开始。

(3)时间坐标网络计划图能清楚地表示出哪些工作需要同时进行，因此管理人员可以确定同一时间内人工、各种材料和机械设备等资源的需要量。

(4)时间坐标网络计划的调整比较麻烦，当资源发生变动或工期拖延后及其他情况发生变化，要对时间坐标网络计划进行修改时，因为改变工作持续时间就需要改变箭线的长度和节点的位置，这样往往会导致整个网络计划图发生变动。

2. 应用

(1)利用时间坐标网络可以方便地编制工作项目，并且工艺过程较简单的施工进度计划，编制中能迅速地边计算、边绘制、边调整。

(2)对于大型复杂的工程，可以先用时间坐标网络计划的形式绘制各分部工程的网络计划，再综合起来绘制出比较简单的总网络计划；在执行过程中，如果时间有变化，则不必改动整个网络计划图，而只对分部工程的子网络计划进行修订就可以了。

(3)根据项目的具体情况，时间坐标单位可以是小时、日、月、季度甚至年，同时应考虑休息日和冬、雨季的影响。

五、单代号网络计划

单代号网络计划是用节点表示工作，箭线表示工作之间的关系的一种网络计划，它与双代号网络计划所表示的内容完全相同，只是表达方式不同，但单代号网络计划简单，容易掌握。

1. 单代号网络计划图的构成

单代号网络计划图和双代号网络计划图相同，也由三要素组成，但其含义却完全不同。

(1)节点。单代号网络计划图中的节点可以用圆圈或方框表示，一个节点表示一项具体的工作。节点所表示的工作名称、持续时间和代号一般都标注在圆圈内，如图 3-36 所示。

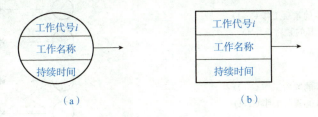

图 3-36 节点表示方法

（2）箭线。在单代号网络计划图中，箭线表示工作之间的相互关系，它既不消耗时间也不消耗资源。单代号网络计划图中不用虚箭线，箭线的箭头方向表示工作的前进方向。图 3-37 所示的单代号网络图中，A 为 B 的紧前工作，B 为 C、D 的紧前工作，E 为 C、D 的紧后工作。

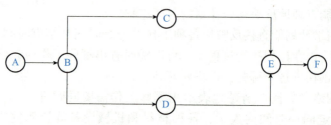

图 3-37　单代号网络图

（3）线路。在单代号网络计划图中，存在着线路，表示工作的施工顺序与方向。

2. 单代号网络计划图的绘制

（1）工作关系模型，见表 3-14。

（2）绘制单代号网络计划图的基本规则。

1）双代号网络计划图中所列出的基本规则，在单代号网络计划图中原则上都应遵守。这是因为单双代号网络计划图的区别仅在于绘图的符号不同而已。

表 3-14　逻辑关系表示模型

序号	工作关系	单代号网络图表示
1	A 的紧后工作 B	
2	A 的紧后工作 B、C	
3	A 的紧后工作 C B 的紧后工作 C	
4	A 的紧后工作 C、D B 的紧后工作 D	
5	A 的紧后工作 C、D B 的紧后工作 C、D	

续表

序号	工作关系	单代号网络图表示
6	A 的紧后工作 C、D B 的紧后工作 D、E	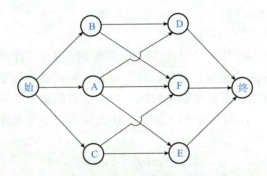

2)若有几个同时开始的工作应引入一个起点节点，若有几个同时结束的工作应引入一个终点节点，引入的起点节点与终点节点都是虚拟的节点，其持续时间为零。

【例 3.14】　依据表 3-15 工作关系绘制单代号网络计划图。

表 3-15　工作关系表

工作代号	A	B	C	D	E	F
紧后工作	D、E、F	D、F	E、F	—	—	—

单代号网络计划图如图 3-38 所示。

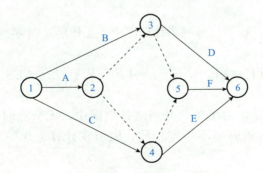

图 3-38　单代号网络计划图

若绘制成双代号网络计划图，如图 3-39 所示。

图 3-39　双代号网络计划图

通过以上实例比较可以看出，单代号网络图的绘制比较简单，其各项工作之间的相互关系容易表达，而且不用虚工作，网络计划图便于检查、修改。同时，单代号网络计划图需用"暗桥"解决交叉问题，不能标画成时标网络图。在时间参数计算时，显然单代号网络计划中无节点时间参数，只有工作时间参数。

3. 单代号网络计划图的时间参数计算

微课：单代号网络
计划的绘制

单代号网络图节点表示工作，时间参数只有工作时间参数，包括工作的最早开始时间、最早结束时间、工作的最迟开始时间、最迟结束时间及时差。时间参数的含义、计算目的、计算方法、步骤和公式与双代号网络图基本相同。

(1)工作的最早可能开始时间 ES 与最早可能结束时间 EF。工作的最早可能开始时间 ES 应从起始节点开始，顺箭线方向逐项计算到终点节点，计算时只看内向箭线取紧前节点最早结束时间最大值，作为该节点最早可能开始时间。开始节点的最早可能开始时间为零，即 $ES_1=0$，则 $EF_1=ES_1+t_1$，由此得，工作的最早可能开始时间的计算公式为

$$ES_j=\max\{ES_i+t_i\}=\max\{EF_i\} \tag{3-24}$$

工作的最早可能结束时间为

$$EF_i=ES_i+t_i \quad (i=1,2,3,\cdots,n-1,n) \tag{3-25}$$

式中 t_i——工作 i 的持续时间；

n——网络计划图中终点节点的编号。

(2)工作的最迟必须结束时间 LF 与最迟必须开始时间 LS。计算工作的最迟时间应从终点节点开始，逆箭线方向逐项到起点节点。计算时只看外向箭线取紧后节点最迟必须开始时间的最小值，作为该节点的最迟必须结束时间。终点节点的最迟必须结束时间等于其最早可能结束时间，即 $LF_n=EF_n$，则 $LS_n=LF_n-t_n$。由此可得，工作的最迟必须结束时间的计算公式为

$$LF_i=\min\{LF_j-t_j\} \tag{3-26}$$

工作的最迟必须开始时间的计算公式为

$$LS_i=LF_i-t_i \quad (i=n,n-1,\cdots,3,2,1) \tag{3-27}$$

式中符号意义同前。

(3)工作时差。

1)工作的总时差 TF。在单代号网络计划图中，工作的总时差的概念与双代号网络图完全相同。其计算公式为

$$TF_i=LF_i-ES_i-t_i=LF_i-EF_i=LS_i-ES_i \tag{3-28}$$

式中符号含义同前。

2)工作的局部时差 FF。由于单代号网络计划图中，无节点时间参数，工作 i 紧后的若干项工作的最早可能开始时间不一定相同，因而在计算工作的局部时差时公式稍有变化，为

$$FF_i=\min\{ES_j\}-ES_i-t_i=\min\{ES_j\}-EF_i \tag{3-29}$$

式中符号含义同前。

这表示当工作 i 紧后有若干项工作时，工作 i 的局部时差应为紧后工作中工作最早可能开始时间的最小值，减去工作的最早可能结束时间。

（4）关键线路的确定。单代号网络计划图中确定关键线路的方法与双代号网络计划基本相同，只是因为没有节点时间参数计算，所以没有按节点时间参数均相等来判断关键线路的方法。在单代号网络图中连接工作总时差为零的关键工作所形成的自始至终的线路即为关键线路。

【例 3.15】　某工程网络计划的逻辑关系见表 3-16，绘制出单代号网络计划，计算时间参数，确定关键线路。

表 3-16　工作关系表

工作	A	B	C	D	E	F
紧前工作	—	A	A	BC	C	DE
时间	4	8	10	9	6	10

单代号网络计划如图 3-40 所示，单代号网络图时间参数计算如图 3-41 所示。

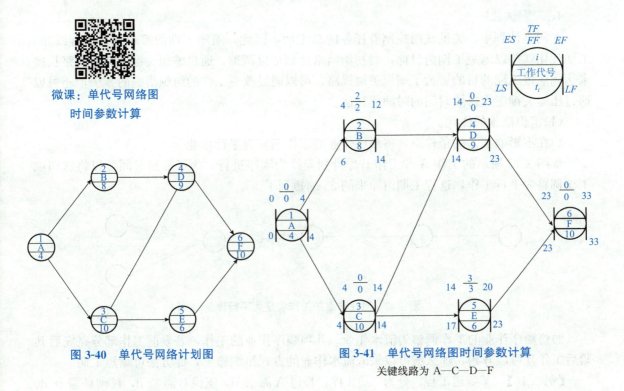

微课：单代号网络图时间参数计算

图 3-40　单代号网络计划图

图 3-41　单代号网络图时间参数计算

关键线路为 A—C—D—F

六、网络计划的优化

网络计划经计算后，得出初始方案，经过反复平衡、比较评价，在满足给定的约束条件下利用最优化原理，按照某一衡量指标(如时间、成本、资源等)来寻求一个最优的计划方案。根据网络计划优化条件和目标不同，通常有工期优化、资源优化和时间—费用优化等几种。

网络计划比较、评价的要点如下：

(1)工期能否满足合同或业主的需要。

(2)施工顺序是否合理。

(3)劳动力、机械、材料等资源的供应能否保证，消耗是否均衡。

劳动力消耗均衡性用劳动力不均衡系数 K 表示，它的值大于或等于1，一般不超过1.5，其值按式(3-30)计算。

$$K = \frac{R_{\max}}{R_{平均}} \tag{3-30}$$

式中　$R_{\max}$——施工期间人数最高峰值；

　　　$R_{平均}$——施工期间加权平均人数。

(4)是否符合合理组织生产过程的四项原则。

(5)是否充分估计了客观因素的影响，可行性如何。

(6)各项安排是否既先进合理又留有余地。

1. 工期优化

在网络计划中，关键线路控制着任务的总工期，因此，缩短工期的着眼点是关键线路。工期优化就是以缩短工期为目标，对初始网络计划加以调整，通过缩短关键线路的线路长度来达到缩短工期的目的。为了缩短关键线路，可以通过改变工作的组织措施的方法，还可以通过压缩关键工作持续时间的时间优化法。

(1)组织措施的优化。

1)在不影响工艺的条件下，将顺序作业的工作调整为平行作业。

如图 3-42 所示的工作 A 和工作 B 原计划安排为顺序进行，为了缩短时间可以将这两项工作调整为平行工作，这样工期由原来的 25 缩短到了 15。

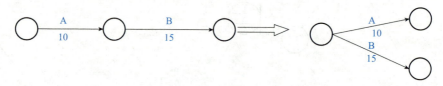

图 3-42　顺序作业的工作调整为平行作业

2)将顺序作业的工作调整为流水作业。几项顺序作业的工作，若紧前工作部分完成后其紧后工作就可以开始，那么就可以采取流水作业的方式组织施工，此方法可缩短工期。

【例3.16】　某隧道工程，分为三道工序：掘进 A 需 45 d，支模 B 需 12 d，衬砌 C 需 18 d。

显然该工程可采用顺序形式组织生产，这样工期为 75 d。若将 A、B、C 三项工作各分成三段交叉进行，根据各工作的关系(表 3-17)，绘制出网络计划图计算，其工期缩短到 55 d。

表 3-17　工作关系表

工作代号	A1	A2	A3	B1	B2	B3	C1	C2	C3
紧后工作	A2、B1	A3、B2	B3	C1、B2	C2、B3	C3	C2	C3	—
工期	15	15	15	4	4	4	6	6	6

画出流水作业的双代号网络计划如图 3-43 所示。

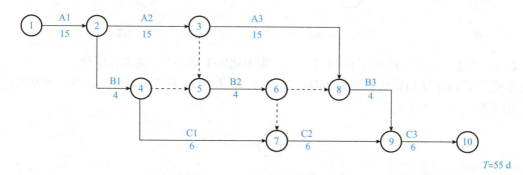

图 3-43　流水作业的双代号网络计划图

3)推迟非关键工作的开始时间。

【例 3.17】　某网络计划如图 3-44 所示，若指令工期 $T=$ 16 d，优化工期。

在图 3-44 中，工作 A、B 平行进行，经计算工期为 20 d，关键线路为 1—4—5。在工作面允许的情况下，可把非关键工作 A 的人力 30 人转移到关键工作 B 上来，而将工作 A 推迟到工作 B 结束后开始，这样 B 工作共有 45 人，持续时间为 4 d，之后 45 人完成 A 工作，持续时间为 4 d，这样就可使工期缩短到 16 d，但关键线路改变了，为 1—3—4—6，如图 3-45 所示。

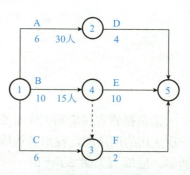

图 3-44　初始网络图

4)延长非关键工作的持续时间。

【例 3.18】　以例 3.17 的初始网络图为例，将非关键工作 A 上的人力调一部分到关键工作 B 上，以缩短关键工作 B 的持续时间。在工作面允许的情况下，将 A 延长到 12 d，因而可调出 15 人去支援 B 工作，这样 B 工作共有 30 人作业，持续时间为 5 d，整个工期也可缩短到 16 d，关键线路也发生了变化，为 1—2—5；1—3—4—5，如图 3-46 所示。

(2)从计划外增加资源，压缩关键工作的持续时间。网络计划的工期即关键线路的线路时间，因此从计划外增加资源，如增加机械设备、运输车辆、劳动力等，来加速关键工作的完成从而使计划工期缩短。需要注意的是，在压缩关键线路的线路时间时，会使某些时差较小的次关键线路上升为关键线路，这时需再次压缩新的关键线路，如此逐次逼近，直到达到规定工期为止。

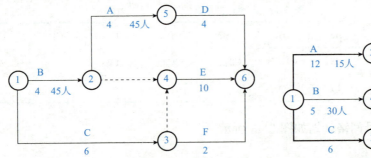

图 3-45　推迟非关键工作的开始时间

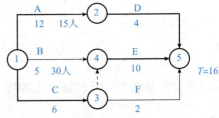

图 3-46　延长非关键工作的持续时间

【例 3.19】　如图 3-47 所示的网络计划，假定规定工期为 9，试进行优化。

①先计算网络计划初始方案的工期，$T=12$ d，并找出关键线路 1—3—5，按要求应缩短工期 $\Delta T=12-9=3$ d。

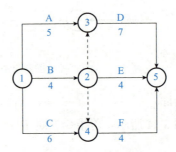

图 3-47　网络计划初始方案图

②根据资源供应和工作面条件，将关键工作 3→5 压缩 2 d、工作 1→3 压缩 1 d，绘制出第一次优化的网络图，找出关键线路，计算出工期。$T=10$ d，关键线路为 1—4—5 如图 3-48 所示，应缩短工期 $\Delta T=10-9=1$ d。

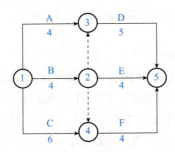

图 3-48　第一次优化循环

③根据资源供应和工作面条件，将工作 1→4 压缩 1 d，绘制出第二次优化后的网络计算优化后工期，找出关键线路 1—3—5；1—4—5；1—2—3—5，工期 $T=9$ d，已满足规定工期，优化结束，如图 3-49 所示。

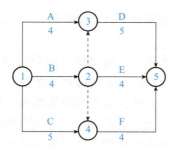

图 3-49　优化后的网络图

在采取这种方法进行工期优化时要注意，工作的持续时间不可以随意压缩，一定要在工作面允许，资源满足供应的情况下进行压缩；否则，计划在实际中根本行不通。另外，在实际工作中，工期优化可以将组织措施优化和时间优化结合起来进行。

2. 资源优化

这里所说的资源是指为完成任务所需的劳动力、材料、机械设备和资金等的统称。前面对网络计划的计算和调整，一般都假定资源供应是完全充分的。然而在大多数情况下，在一定时间内所能提供的各种资源有一定限额，如果工作进度安排不恰当，就会在计划的某些阶段出现对资源需求的"高峰"；而在另一些阶段出现对资源需求的"低谷"，就需要根据资源情况对网络计划进行调整，在保证规定工期和资源供应之间寻求相互协调和相互适应的途径，这就是资源优化。

资源优化通常有两种不同的情况：一种是在工期规定的条件下，力求资源消耗均衡，即工期固定，资源均衡问题；另一种是在资源供应有限制的条件下，寻求计划的最短工期，即资源有限，工期最短的问题。

(1)工期固定，资源均衡。在工期固定的情况下，当资源需要量出现高峰时，通常对非关键工作进行调整，使资源达到均衡，调整方法一般有以下三种。

1)使用"削峰填谷法"，利用时差，推迟非关键工作的开始时间。削峰填谷法的基本原理：首先将计划中的所有工作按最早时间安排，根据资源的逐日需要量，作出资源曲线图；在此基础上，找出整个计划中的资源高峰时段(t_a-t_b)，选择位于该高峰时段能推迟到高峰之后开始的非关键工作，将其推迟到高峰之后某时刻开始，这样就使整个计划中资源高峰得到一次削低。该高峰之后的资源低谷也就相应地得到一次填补，重复上述步骤，找出新的资源高峰，选择适当的非关键工作，进行下一次调整。这样逐步的"削峰填谷"，直到整个计划的资源高峰再也不能削低为止。

被推迟的非关键工作应该有一定的时差，以便在被推迟时不会影响计划工期。这些非关键工作的调整应按以下两条优先推迟规则进行：

①优先推迟资源强度小的工作(资源强度是指单位时间内资源需要量)。

②当有几项工作的资源强度相同时，优先推迟有效机动时间大的工作。

2)在条件允许的情况下，在资源需求量超限的时间段内中断某些工作，以减少对资源的需要量。

3)改变某些工作的持续时间。

(2)资源有限，工期最短。当一项工程计划的资源供应有限时，计划在执行过程中就可能出现资源供不应求的现象，这就需要合理安排资源，寻求计划的最短工期，可以采用"备用库法"来处理。

备用库法分配有限资源的基本原理：设可供分配的资源储存在备用库中，任务开始后，从库中取出资源，按工作的"优先安排规则"给即将开始的工作分配资源，并考虑尽可能的最优组合，分配不到资源的工作推迟开始。随着时间推移和工作的结束，资源陆续返回到备用库中。当库中的资源达到能满足即将开始的一项或数项工作的资源需要时，再从备用库中取出资源，仍然按工作优先安排规则进行分配，这样循环反复，直到所有工作都分配到资源为止。资源分配的优先安排规则如下：

1)优先安排机动时间小的工作。

2)当几项工作的机动时间相同时，优先安排持续时间短和资源强度小的工作。

注意：必须在保障关键工作的资源条件下，力争减少资源的库存积压，提高利用率。灵活地利用以上优先安排规则，并考虑尽可能的最优组合，这样虽然由于资源有限工期有可能要延长，但这种延长是最短的。

3. 时间—费用优化

在一般工程项目施工过程中，要加快某项工作的进度，通常都需要增加劳动力、设备，或延长每天工作时间，而这些都会引起费用的增加。公路工程项目的总费用包括直接费用和间接费用。其中，直接费用是指完成工程所需要的人工、材料、机械设备等费用；间接费用包括管理费用、利息和一切不便于计入直接费用的其他附加费用。直接费用随着工期的缩短而增加，而间接费用是随着工期的缩短而减少的。因此，对于某一个项目来说，不能简单地认为缩短工期就会增加费用，或者延长工期就会减少费用。这里存在一个时间—费用优化问题。所谓时间—费用优化就是求网络计划的最小费用的最优工期。解决这一问题的途径，可这样进行：先确定间接费用与工期的关系曲线，再确定直接费用与工期的关系曲线；两曲线叠加即得到总费用与工期的关系曲线；该曲线的最低点即最小费用，此费用对应的工期即最优工期。

微课：网络计划
的优化

⚙ 任务实施

任务名称	编制网络计划图	任务编号	3-4
任务描述	编制网络计划图，计算时间参数确定关键线路，绘制时标网络计划	实训时长	
工作内容		初步成果	
1. 根据图纸等资料确定双代号网络计划			
2. 计算时间参数，确定关键线路			
3. 绘制时标网络计划图			
4. 绘制单代号网络计划图，确定关键线路			

能力训练

1. 网络计划的特点有哪些?

2. 某工程由九项工作组成，其持续时间和网络逻辑关系见表 3-18，试绘制双代号网络图。

表 3-18　工作关系表

工作名称	前导工作	后续工作	持续时间/d
A	—	B、C	3
B	A	D、E	4
C	A	F、D	6
D	B、C	G、H	8
E	B	G	5
F	C	H	4
G	D、E	I	6
H	D、F	I	4
I	G、H	—	5

3. 计算图 3-50 所示双代号网络计划图的节点时间参数、总时差、局部时差、工期，并确定关键线路。

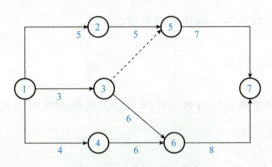

图 3-50　双代号网络计划图

4. 计算图 3-51 所示网络计划图的工作时间参数、总时差、局部时差，并确定关键线路。

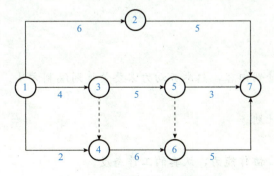

图 3-51　双代号网络计划图

87

项目四

编制资源需要量计划

根据已确定的施工进度计划，可以编制资源需要量计划。资源需要量计划准确与否，直接影响工程成本，通过本项目的学习，应该熟悉资源需要量计划的内容、编制依据与方法，能够依据实际情况编制计划。

学习目标

知识目标

熟悉资源需要量计划的内容、编制依据与方法。

能力目标

能够依据实际情况编制计划。

素质目标

培养学生严谨的工作态度，训练收集处理信息、获取知识的能力，养成良好的团队意识和精益求精的工匠精神。

任务一 编制劳动力需要量计划

学习目标

知识目标

了解劳动力需要量计划内容，熟悉劳动力需要量计划编制方法。

能力目标

编制劳动力需要量计划。

素质目标

培养学生组织能力，协作能力，认真的工作态度。

任务导入

认识劳动力需要量计划的内容、编制方法，能够合理地安排劳动力资源。

相关知识

资源需要量计划与工程成本有着密切的关系，编制时一定要遵循国家的法律法规与各项规定与要求，切合实际，既要保证施工需要，又要保证施工进度加快的需要。

一、编制资源需要量计划的依据

编制资源需要量计划的依据如下：

(1)设计图纸与工程量。

(2)施工方案与施工进度对资源供应的要求。

(3)合同条款中提出的特殊要求。

(4)资源消耗标准等。

编制资源计划时以提高经济效益为中心，以降低成本为目的，按质、按量、适时、适地、适价、成套齐备、经济合理地完成资源供应。

二、资源需要量计划编制步骤

1. 根据资源数量种类确定主要资源

主要资源一般为劳动力，主要材料、成品及半成品，主要施工机械和主导施工机械。

2. 编制资源需要量计划表格

表格的形式内容依据资源种类、供应情况、重要性不同而采用不同的形式，但其内容通常包括名称、规格、单位、数量、来源、运输方式、计划时间、备注。

3. 计算各工作单位时间资源需要量(资源强度)

依据某工作的工程量及定额消耗量计算某种资源消耗总数量，由资源消耗总数量除以工作的作业时间，就得到该工作的单位时间的某种资源需要量。

注意：在计算各工作单位时间资源需要量时，选择的定额标准不同，其结果也是不同的。编制指导性施工组织设计时必须按招标文件上的要求和规定执行，编制指导施工的实施性施工组织设计时可根据本企业的定额标准或结合施工项目具体情况采取一些补充定额，只要符合实际施工水平和工人的技术、素质水平就是可行的，同时必须保证生产工人和施工机械的最小工作面。

4. 计算单位时间内资源总需要量

将同一时间内各工作的同一资源数量相加，则得到该资源总需要量。

5. 优化平衡

依据资源需要量、施工进度计划、资金使用计划、运输计划进行资源需要量计划的平衡优化。

三、劳动力需要量计划

劳动力需要量计划是反映劳动力数量的文件,是确定临时生活设施和组织生产人员进场的依据。劳动力需要的多少是根据工程的工程量和规定使用的劳动定额及要求的工期计算完成的。在计算过程中要考虑日历天中扣除节假日和雨、雪天对施工的影响系数,另外,还要考虑施工方法,是人工施工,还是半机械施工或机械化施工,因为施工方法不同所需的劳动力数量也不同。

根据已确定的施工进度计划,可计算出各个施工项目单位时间内所需的劳动力数量,将同一时间内所有施工项目的人工数累加,就可以绘制出劳动力需要量图,同时,编制劳动力需要量计划。为劳动部门提供劳动力进退场时间,保证及时调配,搞好平衡,以满足施工的要求。如现有劳动力不足或过多时,应提出相应的解决措施,或增开工作面以按时完成任务。劳动力需要量计划表的形式见表 4-1。

微课:资源配置供应计划-劳动力配置

表 4-1　劳动力需要量计划表

序号	工种	需要人数及时间										备注
		年度					年度					
		一季度	二季度	三季度	四季度	合计	一季度	二季度	三季度	四季度	合计	
1												

⚙ 任务实施

任务名称	编制劳动力需要量计划	任务编号	4-1
任务描述	编制劳动力需要量计划	实训时长	
工作内容		初步成果	
1. 根据进度计划等资料确定劳动力需要量			
2. 编制劳动力需要量计划			

⚙ 能力训练

1. 编制资源需要量计划的依据包括哪些?

2. 如何确定劳动力资源需要量?

3. 劳动力资源需要量计划的内容有哪些?

任务二　编制主要材料计划、主要施工机具、设备计划

学习目标

知识目标

熟悉主要材料计划的内容，熟悉主要机具、设备需要量计划内容，编制方法。

能力目标

能够编制主要材料计划及主要机具、设备计划。

素质目标

培养学生组织能力、协作能力，以及认真负责的工作态度。

任务导入

认识主要材料计划及主要机具、设备计划内容，编制方法，合理编制主要材料需要量计划及主要机具、设备需要量计划。

相关知识

一、主要材料计划

施工方案确定后，施工进度计划也编制结束了，这时就可以编制主要材料需要量计划。主要材料是指公路工程施工过程中用量较大的材料，如钢材、水泥、砂、石料、木材、沥青、石灰等，特殊工程使用的外掺剂、加筋带等也列入计划。主要材料计划是运输组织和布置工地仓库的依据，先按工程量与定额计算材料用量，然后根据施工进度编制材料计划。主要材料计划表的形式见表4-2。

表4-2　主要材料计划表

序号	材料名称及规格	单位	数量	来源	运输方式	年					年					备注
						一季度	二季度	三季度	四季度	合计	一季度	二季度	三季度	四季度	合计	
1																

计算材料需要量主要是根据完成的工程量和所选用材料消耗定额进行的。在编制指导性施工组织设计时，要根据投标文件中指定材料消耗标准计算材料需要量，并列出主要材料需用量计划表。实施性施工组织设计采用企业的或行业的材料消耗定额，一般实施性施工组织总设计，需要粗略地计算主要材料的需要量，并列出其需要量计划表，而单位工程或分项分部工程的实施性施工组织设计，计算所需要的材料种类一般都比较详细，几乎除低值易耗品

外都要计算其需要量，提出计划，作为领发料的依据，材料核算的依据。

所需材料消耗量等于工程量乘以材料消耗定额，注意对消耗量大的材料要考虑一定储备数量。

二、编制主要施工机具、设备计划

在确定施工方法时，已经考虑了各个施工项目需用何种施工机械或设备。进度计划确定后，为做好机具、设备的供应工作，应根据已确定的施工进度，将每个施工项目采用的机械名称、规格和需用数量及使用的日期等综合汇总，编制施工机具、设备计划，配合施工，保证施工进度正常进行。主要施工机具、设备计划的形式见表4-3。

微课：资源配置
供应计划-材料
配置

表 4-3　主要施工机具、设备计划

序号	机具名称及规格	数量		使用期限		年								备注
		台班	台辆	开始日期	开始日期	一季度		二季度		三季度		四季度		
						台班	台辆	台班	台辆	台班	台辆	台班	台辆	
1														

机械台班需要量计算先根据施工方案确定选择机械配备方案及机械种类的匹配要求，再根据工程量和机械时间定额，考虑施工所需各种机械的施工班制，工作日是否包含节假日等因素，进行计算各种机械的台班需要量。机械设备需要量包括基本施工过程、辅助施工过程所需的主要机具设备及备用数量，以及辅助机械的需要量。

微课：资源配置
供应计划-机械
设备配置

⚙ 任务实施

任务名称	编制主要材料需要量计划、主要机械设备需要量计划	任务编号	4-2
任务描述	编制主要材料需要量计划、主要机械设备需要量计划	实训时长	
工作内容		初步成果	
1. 根据进度计划等资料编制主要材料需要量计划			
2. 根据进度计划等资料编制主要机械设备需要量计划			

⚙ 能力训练

1. 主要材料有哪些？举例说明。

2. 材料需要量如何计算的？

3. 主要施工机具、设备计划内容有哪些？

4. 如何确定机械需要量？

项目五
布置施工平面图及拟订施工技术组织措施

学习任务

　　施工平面图与施工技术组织措施是公路施工组织设计文件的重要内容之一。通过本项目的学习，应该熟悉施工平面图布置的内容、步骤，认识影响项目实施的主要因素，熟悉施工技术组织措施的内容，能够依据项目进行施工平面图布置。

学习目标

知识目标

　　熟悉施工平面图布置的内容、步骤，认识影响项目实施的主要因素，熟悉施工技术组织措施的内容。

能力目标

　　能够依据项目进行施工平面布设。

素质目标

　　培养学生严谨的工作态度、全局意识，并养成良好的工作习惯和责任担当精神。

任务一　认识施工平面图

学习目标

知识目标

　　熟悉施工平面图布置的依据及原则、步骤，熟悉施工平面图的类型、内容。

能力目标

　　能够区分施工平面图类型，判断完整性。

素质目标

　　培养学生的处理信息能力、组织能力、沟通协作能力、全局意识及勇于创新的职业精神。

任务导入

认识施工平面图的类型、内容，施工平面图布置的依据及原则、步骤，能够区分施工平面图类型，判断完整性，为合理布设做准备。

相关知识

施工平面图是施工过程空间组织的具体成果，即根据施工过程空间组织的原则，对施工过程所需的工艺路线、施工设备、原材料堆放、动力供应、场内运输、半成品生产、仓库、料场、生活设施等进行空间的特别是平面的科学规划与设计，并以平面图的形式加以表达。

一、施工平面图布置的依据、原则和步骤

1. 施工平面图布置的依据

(1)工程平面图。

(2)施工进度计划和主要施工方案。

(3)施工组织调查资料及设计资料。

(4)各种材料、半成品的供应计划和运输方式。

(5)各类临时设施的性质、形式、面积。

(6)其他有关资料。

2. 施工平面图布置的原则

施工平面图布置是一项综合性的规划课题，在很大程度上取决于施工现场的具体条件，其应布局合理，方便运输，方便施工，便于生活，保护环境，保证安全。一般施工平面图规划设计应遵循下列原则：

(1)在保证施工顺利的前提下，充分利用原有地形地物，尽可能减少临时设施，因地制宜。

(2)充分考虑洪水、风向等自然因素的影响。

(3)材料堆放要考虑运输、使用方便，力求材料直达工地，减少二次搬运和场内的搬运距离，尽量减少物资运输量和起重量。

(4)场地布置应与施工进度、施工方法、工艺流程、机械设备及所采用的新技术、新工艺、新材料和科学组织生产相适应。

(5)施工管理机构的位置必须有利于全面指挥，生活区布置要利于工人的休息，减少施工现场干扰。

(6)应符合安全文明生产和防火的要求。

3. 施工平面图布置的步骤

(1)分析有关调查资料。

(2)合理确定起重、吊装、运输机械的布置。

(3)确定混凝土、沥青混凝土搅拌站的位置。

（4）考虑各种材料、半成品的合理堆放。

（5）布置水、电线路。

（6）确定各临时设施的布置和尺寸。

（7）决定临时道路位置、长度和标准。

二、施工平面图的类型及主要内容

1. 施工总平面图

施工总平面图是以整个工程为对象的施工平面布置方案。图 5-1 所示为某工程标段的施工总平面图。

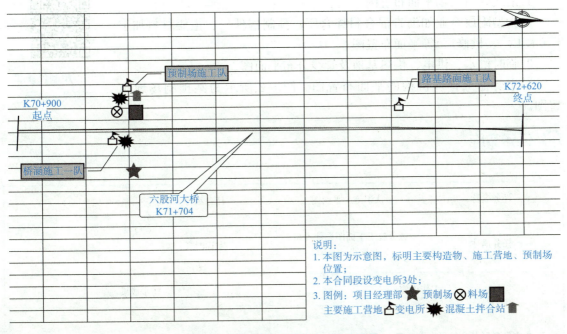

图 5-1　某工程标段的施工总平面图

道路工程施工总平面图应包括以下内容：

（1）施工用地范围内及附近原有的重要地形、地物及与施工有关的建筑物，如河流、居民点、公路、铁路、车站、码头、通信、运输点等。

（2）拟建工程主要项目位置，如路线里程、桥梁、隧道、交叉口、特殊路基、集中土石方等的位置，道班房、服务区、收费站、加油站等运输管理服务建筑物位置。

（3）临时设施及位置，如临时性加工房屋、生活房屋、仓库料场、便道、便桥、水电源线路、变压器位置、现场安全与防火设施，以及大型机械设备的停放、维修厂等。

（4）施工管理机构位置。

（5）取土场和弃土场位置。

（6）其他与施工有关的内容，如地质不良地段、国家测量标志、气象台、水文站、防洪、防风、防火、安全设施等需要表示的内容。

2. 局部施工平面图

局部施工平面图的布置有两种情况：一种是在施工总平面图的控制下进行布置；另一种是以施工总平面图为依据，即基本上按照施工总平面有关内容进行布置，但无论哪一种，都应比施工总平面图更加深入、更加具体。

（1）重点工程施工场地布置图。一般来说，大桥、隧道、立交枢纽等都是重点工程，其施工场地布置图应在有等高线的地形图上按比例绘制。图上应详细绘制出施工现场、辅助生产、生活等区域的布置情况，绘制出原有地物情况。

（2）其他局部平面布置图。对于大型项目，因施工周期长，管理工作量大，附属、辅助企业多，必要时应绘制其他的平面布置图。这类图主要有以下几种：

1）沿线砂石料场平面布置图。

2）大型附属企业如沥青混合料拌合厂、预制构件厂、主要材料加工厂（木工厂、机修厂）等平面布置图。

3）临时供水、供电、供热基地及管线分布平面图。

动画：预制场施工
平面设计步骤

4）主要施工管理机构的平面布置图。图 5-2 所示为某预制场地布置图。

🔧 任务实施

任务名称	认识施工平面图	任务编号	5-1
任务描述	区分施工平面图设计类型，掌握设计步骤	实训时长	
工作内容		初步成果	
1. 根据资料区分施工平面图类型			
2. 叙述施工平面图设计步骤			

🔧 能力训练

1. 施工平面图布置的作用有哪些？

2. 施工平面图布置的依据有哪些？

3. 施工平面图有哪几种形式？包含哪些内容？

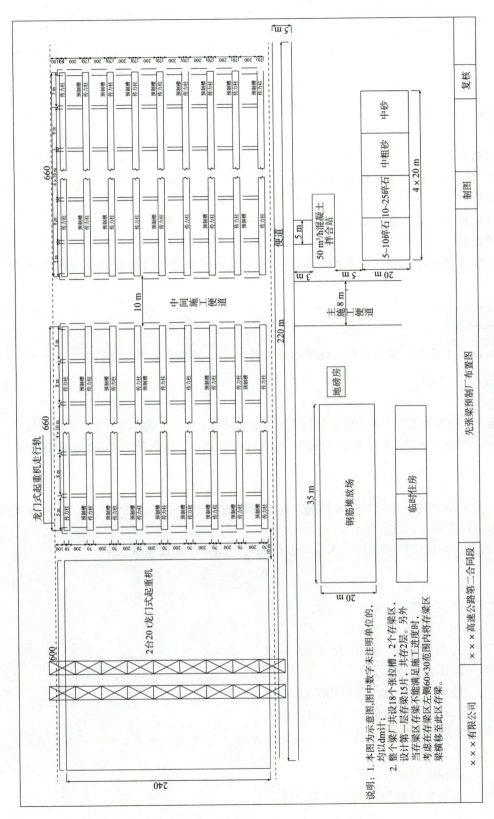

图 5-2　某预制场布置图

任务二　布设临时设施

学习目标

知识目标

了解临时设施的内容，熟悉临时设施设置的要求。

能力目标

能够依据工程项目合理的安排临时设施，进行施工平面图布设。

素质目标

培养学生的全局意识、收集处理信息的能力、组织能力、沟通协作能力及严谨的工作态度。

任务导入

认识施工现场临时设施布设，能够依据工程项目合理地安排临时设施。

相关知识

实施开工前准备工作中，为保证公路施工的正常进行，在开工前除合理安排施工进度外，应着重解决如工棚、仓库、料场及加工场地、施工用水、供电、通信等主要临时设施问题。

一、工地加工场地确定

工地加工场地施工组织的任务是确定建筑面积的结构形式，通常参照有关资料或按经验确定，也可以按以下公式计算：

(1)钢筋混凝土构件预制厂、木工房、钢筋加工间等场地或建筑面积。

$$F = \frac{K \cdot Q}{T \cdot S \cdot \alpha} \tag{5-1}$$

式中　F——所需建筑面积(m^2)；

Q——加工总量(m^2 或 t)；

K——不均衡系数，取 1.3～1.5；

T——加工总工期(月)；

S——每平方米场地的月平均产量；

α——建筑面积利用系数，取 0.6～0.7。

(2)水泥混凝土搅拌站面积。

$$F = N \cdot A \tag{5-2}$$

式中　F——搅拌站面积(m^2)；

A——每台搅拌机所需的面积(m^2)；

N——搅拌机的台数，按式(5-3)计算：

$$N=\frac{Q \cdot K}{T \cdot R}\tag{5-3}$$

式中　Q——混凝土总需要量(m^3)；

　　　K——不均衡系数，取 1.5；

　　　T——混凝土工程施工总工作日(d)；

　　　R——混凝土搅拌机台班产量。

大型沥青混凝土拌合设备的场地面积，根据设备说明书的要求确定。上述建筑场地的结构形式应根据当地条件和使用期限而定。

微课：临时工程-
加工厂组织

二、工地临时仓库设计

工地临时仓库可分为转运仓库、中心仓库和现场仓库等。其施工组织的任务是确定材料储存量和仓库面积，选择仓库位置和进行仓库设计等。

1. 确定建筑材料储存量

建筑材料储存量既要考虑保证连续施工的需要，又要避免材料积压，使仓库面积增大。对于场地狭小、运输方便的现场可少储存；对供应不易保证、运输困难、受季节影响大的材料可多储存些。常用材料，如砂、石、水泥、钢材、木材等的储备量可按式(5-4)计算。

$$P=T_e \cdot \frac{Q_i \cdot K}{T}\tag{5-4}$$

式中　P——材料储备量(m^3 或 t)；

　　　T_e——储备期(按材料来源确定，一般不小于 10 d)，(d)；

　　　Q_i——材料、半成品的总需要量；

　　　T——有关项目施工的总工作日；

　　　K——材料使用不均匀系数，取 1.2～1.5。

对于不经常使用或储备期长的材料，可按年度需用量的某一百分比储备。

2. 确定仓库面积

一般的仓库面积可按式(5-5)计算。

$$F=\frac{P}{q \cdot K}\tag{5-5}$$

式中　F——仓库总面积(m^2)；

　　　P——仓库材料储备量，由式(5-4)确定；

　　　q——每平方米仓库面积能存放的材料数量；

　　　K——仓库面积利用系数(考虑人行道和车道所占面积)，一般为 0.5～0.8。

特殊材料，如爆炸品、易燃或易腐蚀品的仓库面积，按有关安全要求确定。

在设计仓库时，除满足仓库总面积外，还要正确确定仓库的平面尺寸，即仓库的长度和宽度。仓库的长度应满足装卸要求，宽度要考虑材料存放方式、使用方便和仓库结构形式。

三、工地行政、生活、福利临时建筑

工地行政、生活、福利临时建筑的建筑面积主要取决于建筑工地的人数，包括职工和家属人数。建筑面积按式(5-6)确定。

$$S = N \cdot P \qquad (5\text{-}6)$$

微课：临时工程-
仓库组织

式中　S——建筑面积(m^2)；

　　　N——工地人数；

　　　P——建筑面积指标，参见表5-1。

表 5-1　行政、生活、福利临时建筑面积指标表

序号	名称	面积定额/($\text{m}^2 \cdot$人$^{-1}$)	说明
1	办公室	2.1~2.5	
2	宿舍	3.0~3.5	
3	食堂	0.7	
4	卫生所	0.06	
5	浴室及理发室	0.1	
6	招待所	0.06	包括家属招待所
7	会议及娱乐室	0.1	
8	商店	0.07	
9	锅炉房	10~40	总面积

在进行施工组织设计时，应尽量利用工地附近的现有建筑物，或提前修建要利用的永久房屋，如道班房、加油站等，不足部分修建临时建筑。

临时建筑应按节约、适用、装拆方便的原则设计，其结构形式按当地气候、材料来源和工期长短确定。

四、工地临时供水、供电、供热

工地临时供水、供电和供热应解决的主要问题有确定用量、选择供应来源、设计管线网络等。如需工地自行解决供应来源，还需确定相应的设备。

微课：临时工程-
行政、生活、
福利组织

1. 工地临时供水量

(1)工程用水量。

$$q_1 = k_1 \cdot \sum \frac{Q_1 \cdot N_1}{T_1 \cdot b} \times \frac{k_2}{8 \times 3\ 600} \qquad (5\text{-}7)$$

式中　q_1——工程用水量(L/s)；

　　　k_1——未预见的施工用水系数，取 1.05~1.15；

　　　Q_1——年(季)度工程量(以实物计量单位表示)；

　　　N_1——施工用水定额(表5-2)；

　　　T_1——年(季)度有效作业日(d)；

　　　b——每天工作班数；

　　　k_2——用水不均衡系数(表5-3)。

表 5-2　施工用水参考定额表

序号	用水对象	单位	耗水量/L	备注
1	浇筑混凝土全部用水	m³	1 700～2 400	
2	搅拌混凝土	m³	250～350	
3	混凝土养生	m³	200～700	
4	湿润、冲洗模板	m³	5～15	
5	洗石子、砂	m³	600～1 000	
6	砌砖工程全部用水	m³	150～250	
7	砌石工程全部用水	m³	50～80	
8	搅拌砂浆	m³	300	
9	抹灰	m³	4～6	不包括调制用水
10	素土路面、路基	m³	0.2～0.3	
11	消化生石灰	t	3 000	
12	浇砖	千块	500	

表 5-3　施工用水不均衡系数

k 号	用水名称	系数
k_1	未预见用水	1.05～1.15
k_2	施工工程用水	1.5
	生产企业用水	1.25
k_3	施工机械、运输机具	2
	动力设备	1.05～1.1
k_4	施工现场生活用水	1.30～1.50
k_5	居住区生活用水	2.00～2.50

（2）施工机械用水量。

$$q_2 = k_1 \cdot \sum Q_2 \cdot N_2 \times \frac{k_3}{8 \times 3\,600} \tag{5-8}$$

式中　q_2——施工机械用水量（L/s）；

　　　k_1——未预见的用水系数，取 1.05～1.15；

　　　Q_2——同一种机械台数（台）；

　　　N_2——施工机械台班用水量定额（表 5-4）；

　　　k_3——施工机械用水不均衡系数（表 5-3）。

表 5-4　施工机械台班用水量参考定额

序号	机械名称	单位	耗水量/L	备注
1	内燃挖掘机	L/(台班·m³)	200～300	以斗容量 m³ 计
2	内燃起重机	L/(台班·t)	15～18	以起重吨数计

续表

序号	机械名称	单位	耗水量/L	备注
3	蒸汽打桩机	L/(台班·t)	1 000～1 200	以锤重吨数计
4	内燃压路机	L/(台班·t)	12～15	以压路机吨数计
5	拖拉机	L/(昼夜·台)	200～300	
6	汽车	L/(昼夜·台)	400～700	
7	空气压缩机	L/[台班·(m³/min)]	40～80	以压缩空气排量计
8	内燃动力装置	L/(台班·kW)	160～480	直流水
9	内燃动力装置	L/(台班·kW)	35～55	循环水
10	锅炉	L/(h·t)	1 000	以小时蒸发量计
11	锅炉	L/(h·m³)	15～30	以受热面积计
12	电焊机	L/h	100～350	
13	对焊机	L/h	300	
14	冷拔机	L/h	300	
15	凿岩机	L/min	8～12	

（3）施工现场生活用水量。

$$q_3 = \frac{P_1 \cdot N_3 \cdot k_4}{8 \times 3\,600b} \tag{5-9}$$

式中　q_3——施工现场生活用水量（L/s）；

　　　P_1——施工现场高峰人数；

　　　N_3——施工现场生活用水定额，视当地气候、工种而定，一般为（20～60）L/人·班；

　　　k_4——用水不均衡系数（表5-3）；

　　　b——每天工作班数。

（4）生活区生活用水量。

$$q_4 = \frac{P_2 \cdot N_4 \cdot k_5}{24 \times 3\,600} \tag{5-10}$$

式中　q_4——生活区生活用水量（L/s）；

　　　P_2——生活区居住人数；

　　　N_4——生活区生活用水量定额（表5-5）；

　　　k_5——用水不均衡系数（表5-3）。

表 5-5　生活区用水量参考定额表

序号	用水名称	单位	耗水量/L	备注
1	生活用水	L/(人·d)	20～30	盥洗、饮用
2	食堂	L/(人·d)	15～20	
3	淋浴	L/(人·次)	50	入浴人数按出勤人数30％计
4	洗衣	L/人	30～35	
5	理发室	L/(人·次)	15	
6	工地医院	L/(病床·次)	100～150	

(5)消防用水量。消防用水量用 q_5 表示，见表 5-6。

表 5-6　消防用水量参考定额

序号	用水区域	用水情况	火灾同时发送次数	用水量/(L·s⁻¹)
1	生活区	5 000 人以内	一次	10
		10 000 人以内	二次	10~15
		25 000 人以内	二次	15~20
2	施工现场	施工现场在 25 万 m² 以内	一次	10~15
		施工现场每增加 25 万 m²	一次	5

(6)总用水量。因为施工用水是间断的，生活用水时多时少，消防用水是偶然发生的，所以总用水量并不是所有用水量的总和，工地用水量按式(5-11)～式(5-13)计算。

当 $(q_1+q_2+q_3+q_4) \leqslant q_5$ 时：

$$Q=q_5+1/2(q_1+q_2+q_3+q_4) \tag{5-11}$$

当 $(q_1+q_2+q_3+q_4) > q_5$ 时：

$$Q=q_1+q_2+q_3+q_4 \tag{5-12}$$

当工地面积小于 5×10^4 m²，而且 $(q_1+q_2+q_3+q_4) < q_5$ 时：

$$Q=q_5 \tag{5-13}$$

式中　Q——总用水量(L/s)；

式中其余符号意义同前。

2. 工地临时供电量

(1)工地总用电量。工地用电可分为动力用电和照明用电两类。用电量可按式(5-14)计算。

$$P=(1.05 \sim 1.10)\left(K_1 \frac{\sum P_1}{\cos\varphi}+K_2\sum P_2+K_3\sum P_3+K_4\sum P_4\right) \tag{5-14}$$

式中　P——工地总用电量(kV·A)；

P_1——电动机额定功率(kW)；

P_2——电动机额定容量(kV·A)；

P_3——室内照明容量(kW)；

P_4——室外照明容量(kW)；

$\cos\varphi$——电动机的平均功率因素，根据用电量和负荷情况而定，最高为 0.75~0.78，一般为 0.65~0.75；

$K_1 \sim K_4$——需要系数，$K_1=0.5 \sim 0.7$，电动机 10 台以下取 0.7，超过 30 台取 0.5，$K_2=0.5 \sim 0.6$，电焊机 10 台以下取 0.6，$K_3=0.8$，$K_4=1.0$。

由于施工现场照明用电所占比例较小，因此在估算总用电量时可以不考虑照明用电，只需在动力用电量之外再增加 10%作为照明用电即可。

(2)选择电源及确定变压器。工地临时用电电源，既可以由当地电网供给，也可以在工地设临时电站解决，或者由当地电网供给一部分，另一部分设临时电站补足。一般首先考虑将附近的高压电通过工地的变压器引入。变压器的功率按式(5-15)计算。

$$P = K\left(\frac{\sum P_{\max}}{\cos\varphi}\right) \tag{5-15}$$

式中　P——变压器的功率(kV·A)；

　　　K——功率损失系数，取 1.05；

　　　$P_{\max}$——各施工区的最大计算负荷(kW)；

　　　$\cos\varphi$——功率因素。

(3)选择导线截面。合理的导线截面应满足三个方面的要求：第一，具有足够的机械强度，即在各种不同的敷设方式下，确保导线不致因一般机械损伤而折断或损坏漏电；第二，应满足通过一定的电流强度，即导线必须能承受电流长时间通过所引起的温度升高；第三，导线上引起的电压降必须限制在容许范围之内。按这三项要求，选择其截面最大的。

(4)配电线路的布置要点。线路应尽量架设在道路的一侧，并尽可能选择平坦路线，保持线路水平，使电杆受力平衡。线路与建筑物的水平距离应大于 1.5 m。在 380/220 V 低压线路中，木杆间距为 5～40 m，分支线及引入线均从电杆处接出。

临时布线一般都用架空线，极少用地下电缆，因为架空线工程简单、经济，便于检修。电杆及线路的交叉跨越要符合有关输电规范。配电箱要设置在便于操作的地方，并有防雨防晒设施。各种施工用电机具必须单机单闸，不可一闸多用。闸刀的容量要根据最高负荷选用。

3. 工地临时供热

工地临时供热的主要对象是临时房屋，如办公室、宿舍、食堂等内部的冬季采暖；冬期施工供热，如施工用水和材料加热等；预制场供热，如钢筋混凝土构件的蒸汽养生等。建筑物内部采暖耗热量，按有关建筑设计手册计算。

临时供热的热源一般都设立临时性的锅炉房或个别分散设备，如有条件，也可利用当地的现有热力管网。

临时供热的蒸汽用量按式(5-16)计算。

$$W = \frac{Q}{I \cdot H} \tag{5-16}$$

式中　W——蒸汽用量；

　　　Q——所需总热量，按建设采暖设计手册计算(J/h)；

　　　I——在一定压力下蒸汽的含热量(查有关热工手册)(J/kg)；

　　　H——有效利用系数，一般为 0.4～0.5。

蒸汽压力根据供热距离确定。供热距离在 300 m 以内时，蒸汽压力为 30～50 kPa，在 1 000 m 以内时，则需要 200 kPa。确定了蒸汽压力后，根据式(5-16)计算出蒸汽用量，并查阅锅炉手册选定锅炉型号。

五、其他临时工程设施设计

在施工组织设计中，还会遇到其他的临时工程设施，如便道、便桥、临时车站、码头、堆料场、电信设施。对于新建道路工程，这些临时工程设施更多。各种临时工程设施的数量视工地具体情况而定，因它们的使用期限一般都很短，因此通常采用简易结构。

全部临时建筑及临时工程设施应在设计完成之后，再编制临时工程表，见表5-7。

表 5-7 临时工程计划表

序号	设置地点	工程名称	说明	单位	数量	工程数量					备注
1											

🔧 任务实施

任务名称	布设临时设施	任务编号	5-2
任务描述	确定临时设施位置	实训时长	
工作内容		初步成果	
1. 根据资料确定相关临时设施			
2. 某桥预制场平面布设			

🔧 能力训练

1. 工地临时设施设计一般包括哪些内容？
2. 临时仓库面积是如何确定的？
3. 工地用水量如何计算？

任务三 拟订施工技术组织措施

学习目标

知识目标

掌握施工技术组织措施的分类，掌握各施工技术组织措施的基本内容，熟悉影响工程的主要因素。

能力目标

能够合理地描述工程项目的技术组织措施。

素质目标

培养技术报国的强烈使命感、责任感，养成严谨的工作态度，具备勇于创新的职业精神。

任务导入

在掌握施工技术组织措施分类、基本内容后，能够描述工程项目的质量、安全、进度等技术组织措施，学会技术组织措施的编制方法。

相关知识

一、加快施工进度的技术组织措施

1. 影响施工进度的因素

(1)施工计划贯彻与落实。施工计划(包括作业计划、施工任务书)是将施工进度计划进行细化和分解，因此，施工计划完成情况直接影响施工进度的落实。

(2)资源的供应数量和及时性会影响施工计划的完成。往往由于资源供应量不足或没有按时进场造成停工待料。

(3)机械设备状况不佳。机械在施工过程中，因施工时间过长没有及时维修、保养造成机械设备损坏需要停机维修，或者机械本身状况不佳、效率不高等，都会造成停工，直接影响施工进度。

(4)现场施工协调不及时，产生施工干扰，造成停工现象也会影响施工进度。

(5)施工单位的施工顺序未按施工方案的规定执行，造成施工干扰或倒序，使现场施工出现混乱。

(6)施工进度调整控制不及时，拖后工期的项目没有及时解决，从而一拖再拖，影响整个施工进度。

(7)对项目重点、难点工程工期安排不合理，致使工期延迟。

2. 加快施工进度采取的技术组织措施

(1)采用网络计划对施工进度进行动态管理。施工组织设计中的施工进度是施工前编制的，难免在执行过程中发生变化，因此，必须根据实际情况进行调整修改，再进行控制。用网络计划编制施工进度，能指出关键线路和关键工作及时差，只要保证关键工作、关键线路工期不拖后就可以保证在规定工期内完工。

(2)加强现场施工调度工作。施工现场出现影响施工进度的因素，通过调度协调、解决。施工调度是项目部派驻现场的职能部门，它代表项目领导执行现场管理和协调工作，实施现场统一指挥。

(3)加强资源计划管理。每月提出资源使用计划和进场时间。加强机械的维修、保养，提高机械设备的出勤率、完好率、利用率。

（4）对控制工期的重点工程，优先保证资源供应，加强施工管理和控制。如现场昼夜值班制度，及时调配资源和协调工作。

（5）提高劳动生产率。工作效率提高了，可加快施工进度。其措施如承包责任制、奖励制度等。

（6）按不同的季节安排施工任务。由于项目所在地域不同，根据地域气候特点，抓住施工黄金季节，多完成任务，加快施工进度，如组织劳动竞赛等。

（7）注意设计与现场校对，及时进行设计变更。工程项目施工过程常因地质的变化而引起变更设计，基础工程、隧道和地下工程在施工过程中出现实际地质与设计地质情况不符的情况较多，需要变更设计，待变更设计文件出来后才能继续施工，这时会影响施工进度的。为保证工期的要求就要协调各方面的关系，如积极地与监理联系，取得认可，再与设计院联系，早点提出变更设计等。

（8）改进作业组织形式加快施工进度。施工组织设计是在开工前编制的。所以，在施工过程中要根据现场实际情况组织各项工程的搭接施工，使后续工作在前面工作创造工作面后可提前进入施工，或者相关工程平行作业。如组织不同种类工程的立体交叉流水作业等。

二、提高工程质量的技术组织措施

工程项目是基础设施，必须加强质量保证。虽然在施工方案中考虑了选择施工方法、施工工艺来确保质量，但还是远远不够的，也是不全面的。因此，要提出提高工程质量的技术组织措施加以补充。

1. 影响工程质量的因素

人工施工方法、机械设备运行、汽车运输、机具的使用等，都离不开人的操作，所以人的操作正确与否，直接影响工程质量的好坏。

（1）人的素质不高。人的素质包括思想、文化、技术、身体。

（2）技术人员责任心不强。在审核图纸、技术交底、测量放桩、现场试验和测试等方面都会出现问题，影响工程质量。

（3）管理人员责任心不强。落实各项质量管理制度不认真。

（4）职工责任心不强。在施工过程中，操作不按规范的要求做、达不到质量验收标准、出现次品、废品，影响合格率和优良品率。

（5）驾驶员操作不规范容易产生偏差。如拌和未按规范规定的拌和时间，将混凝土放出，或者加水不计量等，都会使混凝土的和易性、坍落度达不到要求，影响混凝土的质量。

另外，气候、水文、地质变化对工程质量也有影响。工程项目所在地域不同，对质量控制和要求不同，不注意就会造成质量事故；工程项目施工工期长，一般要跨年度施工，水文对工程质量的影响也很大。如雨期施工时，混凝土工程需要采取措施预防雨淋，土方施工则需防止饱和土影响压实工作、洪水的侵袭等。地质的变化对工程质量也会产生影响，如隧道工程、地下工程，如地质情况变差，必须保证支护和衬砌的质量，否则会出现吊拱现象。

2. 采取的技术组织措施

(1)加强教育，提高项目全员的综合素质。在工人进场上岗前进行主要技术交底、施工规范及操作规范、安全施工规范、质量验收标准等培训，特别是没有施工经验的项目或新工艺，必须经过技术培训，持证上岗，让参加施工的每个成员，明确自己的工作岗位应遵循的标准，以规范施工行为。同时进行全项目成员的质量教育，强化质量意识，提高质量觉悟，使每个成员都明确自己的工作直接影响工序质量和施工成本。

(2)建立健全规章制度。实行定人、定点、定岗挂牌施工的制度；工序验收制度；按质量论价；对隐蔽工程实行检查签证制，不经监理工程师签字，不得进行下道工序施工；建立健全质量保证体系和现场质量信息系统，实行工班自检、工序互检、质量人员专业检查制度；项目部按时组织质量检查，找出存在问题，制订改正措施，随时发现问题并随时解决。

(3)施工现场配备足够的测量、试验仪器和设备及专业技术人员。

(4)控制材料质量。进场的原材料及半成品、预制构件必须有合格证、质检证书、试验单，砂石料必须具有含水量、含泥量与颗粒级配试验报告。

(5)推行新工艺。在施工过程中，采用新工艺既能保证工程质量又能降低工程成本。

(6)技术、质量要求比较高，施工难度大的工作，成立科技质量攻关小组，确保工程质量。

(7)贯彻质量标准，开工前编写工序作业指导书，保证工序质量和工作质量。

三、降低工程成本的技术组织措施

承包商在项目施工过程中，在保证工程质量、进度、安全前提下要追求一定的利润，防止亏损。项目施工过程是加工的过程，加工的利润主要靠提高工作效率和机械的使用效率，原材料的采购、使用和管理获得。降低工程成本的措施是提高加工利润的保证。

1. 影响工程成本管理的主要问题

(1)项目部成本管理组织机构或职能人员不落实，没有精干的专职人员负责成本管理和控制。

(2)项目内部管理人员多，增加成本开支，全体人员的成本意识不强，在施工中随做随算的意识薄弱，做完计算成本后，才发现超过规定线，但已无法弥补。

(3)项目内部缺少成本管理与控制体系，成本的经济责任不明确，没有很认真地实行成本管理。

(4)现场管理混乱，施工互相干扰，造成窝工；原材料供应不及时；工序组织不合理，出现间断施工等，导致成本增加。

2. 降低成本技术组织措施

(1)施工方案做到资源合理配置。在施工过程中，根据实际情况及时调整方案，使资源配置合理。

(2)实行责任成本管理。从项目经理、职能人员、管理人员到第一线施工的全体职工，建立与成本挂钩的经济责任制。

(3)项目经理部要编制项目的成本目标体系，作为对项目施工过程成本管理的依据和控制的标准。

（4）实行项目成本核算和成本分析。阶段性进行成本核算和成本分析找出盈亏的原因，及时采取措施纠正成本偏差。保证在施工过程中施工成本始终处于控制之中。

（5）建立健全成本管理的各项制度。如按定额领发原材料，编制项目、施工队、班（组）的责任成本；实行经济责任承包制责任预算分解，明确各个不同层次的责任预算，并将其作为承包责任成本，从而控制实际成本的超支；采用激励制度，从而使全员都关心成本，控制成本，形成一个增产节约、降低消耗的风尚。

（6）减少管理人员，提高效率，控制项目的非生产支出。

四、保证施工安全的技术组织措施

公路工程项目形体庞大，工序复杂，存在高空作业、露天作业、爆破作业等危险作业，因此，施工安全占有很重要的位置，施工安全好与坏直接影响企业的社会效益和经济效益。出现重大安全事故会影响企业的形象，严重者会被取消投标资格。安全技术组织措施是保证安全施工的技术与管理保障。

1. 影响施工安全因素

（1）项目对施工安全宣传不落实，对施工安全重视程度不够，出现思想麻痹。

（2）项目安全保证体系不落实。

（3）施工安全交底不落实，操作技术水平不高，违反安全操作规程。

2. 施工安全的保证措施

（1）建立安全保证体系，健全施工安全日志、台账、安全会议记录，安全管理资料完整齐全。

（2）开展日常安全检查，及时发现事故隐患，有整改、奖惩记录。

（3）建立安全技术交底制度，履行签字手续及保证书面记录。

（4）危险性较大的工程，单独编制专项安全施工方案。

（5）隧道、孔桩、水上水下作业、高空作业等高危岗位上下班考核制度。

（6）明确不得使用明令禁止或落后淘汰的工艺、设备、材料。

（7）涉及重点桥梁、隧道、预制场及重点工序、部位的项目，安装现场远程视频监控系统，长隧道应安装电子门禁系统，确保施工安全的有效监控。

（8）建立教育安全培训制度，制订年度安全培训计划并实施，必须对转岗、新进场从业人员进行三级安全教育培训。

（9）建立安全生产使用费计划、使用记录并经监理审核，应为从事危险作业人员办理人身意外伤害保险。

（10）应具有施工现场安全标志布置平面图并按平面图布置安全标志。

微课：安全目标及保障措施

五、施工环境保护的技术组织措施

党的二十大明确提出"我们要推进美丽中国建设，坚持山水林田湖草沙一体化保护和系统治理，统筹产业结构调整、污染治理、生态保护、应对气候变化，协同推进降碳、减污、

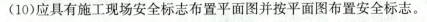

扩绿、增长，推进生态优先、节约集约、绿色低碳发展"。公路产品是线性结构物，建设时对环境影响较大，因此，在施工组织设计时应采取各种防治措施，减少对环境的影响。

1. 噪声污染防治措施

（1）施工中采用低噪声、振动小的设备，在适当位置安装消声设备，在噪声中施工的人员，应佩戴防护用品。

（2）施工场噪声限值为昼间 70 dB，夜间 55 dB。当敏感区域噪声不能达标时，应采用控制作业时间等措施，保证居民的夜间休息不受打扰。

（3）严格控制人为噪声，减少使用高音喇叭。

2. 水污染防护措施

（1）禁止施工的废水直接排入江河、农田等。

（2）靠近施工水源地的施工，要采取隔离措施，避免污染水源。

（3）禁止施工机械在运转过程中产生的油污未经处理直接排放，禁止维修机械的油水直接排放。

（4）严格管理水泥、沥青、油料等材料的堆放，避免材料随雨水径流排放造成污染。

3. 粉尘污染防治措施

（1）施工现场与运输道路应经常洒水，防止产生扬尘。

（2）运输水泥、砂、土等材料时，适当洒水或覆盖，如有漏失，及时清扫干净，保持现场整洁。

（3）混凝土拌合站应设置在离居民聚集地较远的地方，并考虑风向，封闭严密，进料仓安装除尘装置。

4. 固体污染防护措施

（1）施工现场的植被、树木等尽量维持原状，禁止乱砍滥伐。

（2）借土场、弃土场进行防护，按设计要求采用植被覆盖或其他处理措施，防止水土流失。

（3）在施工现场设置临时卫生设施，协助环卫部门按时清理生活垃圾。

微课：环境保护目标及保障措施

六、季节性施工的技术组织措施

1. 雨期施工

雨期施工主要是采取措施防止多雨季节和雨天影响施工，保证工程质量。雨期施工能否顺利进行，关键在于施工计划与措施是否符合客观要求，因此，在施工前须深入现场进行实地勘察，根据工程的特征与实际情况，针对不同项目采取切实可行的措施。

（1）拟订雨期施工方案和建立雨期施工组织管理机构，制订雨季和雨天实施工艺规程与预防措施，组织防雨防洪抢险队，准备防洪抢险机具和材料。

（2）掌握气象资料。及时获得天气变化资料，及时认真整改存在的隐患，汛期和暴风雨期实行值班制度，做好记录。

（3）保证施工区段内桥梁和人工排水构造物系统畅通可靠，及时疏通排水沟，防护防止雨水和洪水影响施工场地和拌合场地。

（4）做好工程材料物资的储备工作。砂石料在雨季含水量变化较大，需要经常测定以调整拌和时的加水量。雨季空气潮湿，水泥储存要注意期限，防止漏雨和受潮。

（5）雨量较大时停止大面积作业，覆盖塑料薄膜或篷布，避免雨水直接淋浇。

（6）注意边坡防护，防止塌方，发现问题立即停止施工，直至排除隐患。

2. 冬期施工

如工程项目在冬期施工时，施工单位必须提出低温施工的工艺设计及措施，以确保工程质量。

（1）冬期施工的工程，要结合当地气象资料，做好详细的施工方案，经业主及监理同意后实施。

（2）做好机械的防冻保温工作，保证施工机械正常施工。

（3）应每日观测大气温度、混凝土温度、砂浆温度等，并详细记录，整理存档。当室外温度连续 5 d 低于 5 ℃或最低温度低于 0 ℃时，一般应停止浇筑混凝土及圬工砌筑，如需进行保温浇筑或砌筑时，应对水和集料进行加温，混凝土或砂浆的流动性应比常温大。

（4）拌和混凝土或砂浆时不可一次太多，应随拌随用，浇筑或砌筑完成部分应覆盖保温材料，未达到临界强度前不可拆除保温设施。

（5）为加速混凝土凝固，可在混凝土或砂浆中加入减水剂及早强剂等外加剂，加入量报监理工程师确认。

（6）混凝土在运输过程中要尽量减少热量损失，事先选择好运输路线，使距离较短和运输时间较少，保证混凝土的入模温度。

⚙ 任务实施

任务名称	拟订施工技术组织措施	任务编号	5-3
任务描述	影响工程的主要因素，施工技术组织内容	实训时长	
工作内容		初步成果	
1. 根据资料确定影响工程进度因素，组织措施内容			
2. 影响质量因素，组织措施内容			
3. 影响安全因素，组织措施内容			

⚙ 能力训练

1. 影响工程进度的因素有哪些？施工进度技术组织措施主要内容有哪些？

2. 影响工程质量的因素有哪些？施工质量技术组织措施主要内容有哪些？

3. 影响施工安全的因素有哪些？施工安全技术组织措施主要内容有哪些？

4. 影响施工环境的因素有哪些？施工环境技术组织措施主要内容有哪些？

任务四　施工组织设计实例

学习目标

知识目标

了解施工组织设计文件编制的内容与重点，熟悉施工组织设计文件的编制方法。

能力目标

判断施工组织设计文件的完整性。

素质目标

培养学生编制文件的能力、组织能力及严谨的工作态度。

任务导入

在了解施工组织设计文件内容的基础上，熟悉文件编制的侧重点，掌握施工组织设计文件的编制方法。

相关知识

本实例为某单位在竞标时编制的施工组织设计文件，本书对原工程内容做了适当的简化。

一、总体施工组织布置及规划

(一)总体工程项目概况

1. 工程项目概况

某线五道沟岭段改建工程起于清原县湾甸子镇冰湖沟村，止于新宾县北四平乡六道村南侧，全长为 5.135 km，其中隧道长 2.11 km，引线长 3.025 km。全线采用二级公路标准设计，设计速度为 60 km/h，路基宽度为 10 m。新建桥涵设计荷载采用公路—I 级。

改建工程起点桩号 K0+000，终点桩号 K5+135，路线全长 5.135 km。主要工程量：路基填方 29.47 万 m³，挖方 31.62 万 m³，特殊路基处理 513 m²；沥青混凝土路面 4.41 万 m²；大桥 1 座，长度 246 m；小桥 1 座，长度 10 m；涵洞 14 道。

2. 地形地貌

项目沿线地形起伏较大，山顶呈尖顶状～长梁状，地形坡度一般在 15°～55°。山间冲沟坡度为 10°～20°，发育的冲沟有五道沟、六道沟等，冲沟内季节流水，沟口地形开阔平缓，沟宽为 5～30 m。隧道区域内海拔高程为 550～850 m，相对高差为 300 m，地表植被茂盛。

3. 气象、水文

工程区地处北温带半湿润季风气候区，是典型的大陆气候区，冬季多东北风、寒冷干燥，夏季炎热、降水量多。

工程区多年最大降雨量 1 257.3 mm；多年最小降雨量 516.9 mm；多年平均降雨量 810.9 mm；冬季降水量最少，仅占全年降水总量的 4%；春秋次之，各占 15%、20%；夏季最多，占全年降水量的 61%，集中在七、八月。一日最大降雨强度一般出现在每年的七、八月，极值为 116.8 mm（1964.8.7）；1 h 最大降雨强度出现在每年的五到十月，极值为 62.1 mm（1967.8.8）。

全年平均温度为 5.28 ℃，最高气温为 37.2 ℃，最低气温为 −31.0 ℃；全年平均相对湿度为 70%。全年平均蒸发量为 1 317.1 mm。全年平均风速仅为 2.5 m/s，3～5月风速最大，可达 3.6 m/s；最大冻土深度为 120～140 cm。

4. 河流、水系

工程区地表水为五道沟、六道沟，流量较小，水量随季节变化而变化。

5. 地质情况

第四系全新统（Q4al-pl、Q4p1-d1）：主要分布于山间沟谷及山前坡洪积斜地区，上部岩性多为含黏性土角砾、砾卵（碎）石层，粒径多为 3～20 mm，大的可达 40 mm，其结构松散，由片麻花岗石、砂岩、砾岩等岩石组成，磨圆分选不佳，厚度为 2.0～10.0 m。下部岩性为花岗石残积土，厚度为 1.0～4.0 m，埋藏浅，属于特殊性岩土。

(二)项目管理目标

1. 工期目标

计划开工日期：2022 年 9 月 1 日，计划竣工日期：2023 年 8 月 15 日，共计 11.5 月。

2. 质量目标

标段工程交工验收的质量评定：合格。

竣工验收的质量评定：优良。

3. 安全目标

安全生产责任事故为零。

(三)项目组织管理机构

1. 项目经理部组织机构

组建项目经理部，项目部人员配备根据投标时的承诺，配备人员的资质、素质、数量满足国家有关规定和工程现场需要。

项目经理部设置 7 部 2 室，分别为工程技术部、质量检验部、财务部、计量合同部、材料设备部、综合部、安全管理部、测量室、实验室；下设两个施工队；项目经理部组织机构如图 5-3 所示。

(1)项目经理：负责各项工程施工的全面管理，综合组织、安全生产、协调工程施工，保证合同有效完成。

(2)项目总工程师：负责本合同段工程的全面技术工作和质量管理工作。

(3)项目副经理：负责本合同段施工生产管理、材料设备管理工作及地方协调工作。

(4)工程技术部：负责施工组织设计和专项方案的编制和交底；各项工程的技术措施的实施和监督及施工进度的管理、现场环境保护、文明施工管理，以及整理工程内业和竣工资料，保证工程的顺利进行。

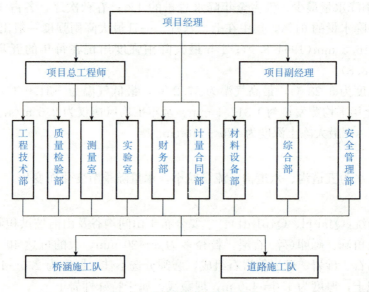

图 5-3　项目经理部组织机构

(5)质量检验部：负责控制施工全过程正常进行及施工全过程的质量检验和监督，保证实现优质工程。

(6)计量合同部：负责统一安排全线的商务管理工作，编制项目商务策划；直接负责对接业主合约、结算部门；负责施工合同管理工作；对业主的过程报量及结算，并负责内部结算。

(7)财务部：负责工程进行中的财务的收支与核算，以控制工程造价。

(8)材料设备部：负责施工项目材料采购与供应及材料质量管理及负责机械设备的维护、保养，保证其完好性及良好的使用性。

(9)安全管理部：负责项目部安全监督管理，负责对项目部生产过程中安全工作进行监督检查。

(10)综合部：负责日常生活管理、征迁协调及对外事务联系等工作。

(11)实验室：负责工程开工前的标准试验、预先试验，对工程所用的原材料、构件等进行试验检测，进行施工现场质量控制和工序检查。

(12)测量室：主要负责编制测量技术方案；控制网的布置与复测；工程测量放线作业；监控量测工作。

(13)队伍设置：桥涵施工队负责五道沟大桥、K4＋578 小桥施工；道路施工队负责路基、路面、涵洞及防护工程施工。

2. 设备、人员动员周期及材料进场

拟投入本工程的设备和人员均为预备状态，设备定型、定量到位，人员定职、定量、定岗，自开标之日起便按既定计划组成准项目部，随时整装待发。若有幸中标，将最后确定经理部的组成，做好人员和设备的动员工作。目前设备和人员在公司总部，有充分的能力和客观条件，保证在业主及监理指定的开工之日前到达施工现场。每批材料进场之前，向监理工程师提供所采用材料的样品、出厂质量合格证书，供监理工程师审查批准，监理工程师批准后方可施工。

(四)施工总体平面布置

1. 项目驻地布置

项目经理部建设严格遵守相关要求，在遵循"因地制宜，节约土地，保护环境，安全可靠，规范有序，功能完备，布设合理，方便生活，满足生产"的原则上，在充分现场调查的基础上，采用租地新建的方式，进行驻地建设。

项目经理部设在桩号为 K0+600 右侧 50 m，占地面积为 4 500 m²，按业主标准化要求建设；其他临时设施具体见《施工总平面布置图》。

项目经理部、各工区临时住房均装配标准式简易房相结合的结构形式；装配式标准化简易房结构实用、美观、隔热、通风、防潮，充分体现以人为本的理念。办公、生活用房建筑面积和场地面积应满足办公和生活需要，为独立式庭院，四周设有围墙，有固定出入口。

办公用房设置项目经理办公室、项目总工程师办公室、项目副经理办公室、工程技术部、质量检验部、财务部、计量合同部、材料设备部、综合部、安全管理部、测量室、档案室、会议室、活动室等。生活用房设置宿舍、食堂、活动室、浴室、卫生间等(图 5-4)。

2. 施工便道

便道利用饶盖线，新建便道根据地形条件，确定便道、便桥平纵线型及横断面宽度。

(1)便道路基宽度不小于 4.5 m，路面宽度不小于 3.5 m，设计行车速度不小于 35 km/h；视地形条件和视距要求，不大于 200 m 设置 1 处错车道。错车道路基宽度不小于 6.5 m，路面宽度不小于 5 m，长度不小于 20 m。

(2)便道在急弯、陡坡处应视地形情况适当加宽，并进行硬化处理。

(3)便道路面最低标准：便道填筑 30 cm 厚石渣，其面层为 15 cm 的碎石面层。大桥、隧道进出口、拌合站和预制场等大型作业区进出便道 200 m 范围内路面宜采用不小于 20 cm 厚且强度不小于 C20 的混凝土路面。

3. 拌合站设置

(1)混凝土拌合站。拌合站建设综合考虑施工生产情况，合理划分生活区、拌和作业区、材料存放区、机械设备存放区及现场实验室等，各功能区必须严格分开，且各功能区面积需满足规定要求，拌合站建设应按辽宁省公路及抚顺市当地标准化场站建设标准执行。为响应环境保护要求，拌合楼、储料仓须采用全封闭轻型钢结构，具有采光措施，并采取除尘和抑尘措施，棚起拱线高度不小于 8 m。计划建设 1 座混凝土拌合站。拌合站设置，见表 5-8。

（2）沥青混凝土拌合站、水泥稳定碎石拌合站。本标段不计划建设沥青混凝土拌合站、水泥稳定碎石拌合站，直接购买沥青混凝土、水泥稳定碎石。

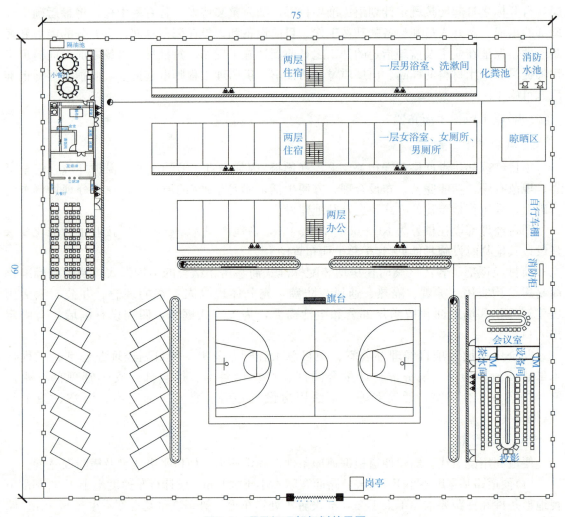

图 5-4　项目经理部规划效果图

表 5-8　拌合站设置

序号	拌合站	主要设备	位置	数量	供应段落	占地规模/m²
1	混凝土拌合站	HZS120	K1+450 左侧 50 m	1	大桥、预制场、小桥、涵洞	8 000

4. 预制场设置

预制场全部采用混凝土硬化处理，且封闭式管理，四周设围墙。本标段共有预制 30 m T 梁 64 片；预制场包括原材料堆放区、钢筋下料区、加工制作区、半成品堆放区、成品待检区、合格成品区、废料处理区等。

5. 水、电供应

(1)临时用水。施工用水采取打井取水，修建蓄水池。管理人员办公区和生活区用水，以及工人生活区用水均采用居住地区原有自来水管道接引。

(2)临时用电。本项目施工用沿线变电所就近接至各大桥、预制场、拌合站等主要工点附近。全线规划设置变压器 2 台。变压器设置一览表见表 5-9。

表 5-9　变压器设置一览表

变压器编号	额定功率	数量/台	用电范围
1	500 kVA	1	混凝土拌合站、桥梁基础及下部
2	500 kVA	1	项目部、预制场
合计		2	

(五)实施计划

1. 主要工程阶段性工期目标

计划开工日期：2022 年 9 月 1 日，计划竣工日期：2023 年 8 月 15 日，具体安排见表 5-10。

表 5-10　工期目标一览表

序号	任务名称	工期	开始时间	完成时间
1	施工准备	1 个月	2022 年 9 月 1 日	2022 年 9 月 30 日
2	路基工程	9.5 个月	2022 年 9 月 15 日	2023 年 6 月 30 日
3	路面工程	3 个月	2023 年 4 月 30 日	2023 年 7 月 30 日
4	桥涵工程	10 个月	2022 年 9 月 30 日	2023 年 7 月 30 日
5	收尾自检验收	0.5 个月	2023 年 8 月 1 日	2023 年 8 月 15 日

2. 机械设备配置计划

机械设备配置计划表见表 5-11。

表 5-11　机械设备配置计划表

序号	设备名称	型号规格	国别产地	制作年份	额定功率/kW	生产能力	数量/台	预计进场时间
一						路基工程		
1	推土机	TY220	日本	2017	125	330 m³/h	1	2022 年 9 月
2	挖掘机	CAT330	美国	2018	180	1.5 m³	2	2022 年 9 月
3	装载机	ZL50F	山东	2019	162	2.5 m³	2	2022 年 9 月
4	平地机	GR200	江苏	2017	147	/	1	2022 年 9 月
5	振动压路机	XS202J	江苏	2016	128/自重 20 t	/	2	2022 年 9 月
6	自卸汽车	NG80	包头	2017	213	25 t	10	2022 年 9 月
7	洒水车	CGJ5000	南京	2016	120	5 000 L	1	2022 年 9 月

序号	设备名称	型号规格	国别产地	制作年份	额定功率/kW	生产能力	数量/台	预计进场时间
二				桥梁工程				
1	水泥混凝土搅拌运输车	XSC3311	湖南	2019	225	12 m²	5	2022 年 9 月
2	汽车起重车	QY75	江苏	2020	213	25 t	2	2022 年 9 月
3	汽车起重车	QY25	江苏	2019	213	25 t	2	2022 年 10 月
4	运梁板车	YLC120	郑州	2018	59	/	1	2022 年 10 月
5	冲击钻机	KQ2000	河北	2018	75	/	4	2022 年 9 月
6	龙门式起重机	MQ-120	河南	2018	140	120 t	1	2022 年 9 月
7	龙门式起重机	MQ-10	河南	2018	20	10 t	1	2022 年 9 月
8	发电机	220GF	扬州	2018	220	/	3	2022 年 9 月
9	发电机	350GF	扬州	2018	350	/	3	2022 年 9 月
10	钢筋切断机	HD-2000	广州	2018	3	/	2	2022 年 9 月
11	电焊机	UN100	上海	2018	100	/	3	2022 年 9 月
12	数控钢筋弯曲机	GQX320	河南	2019	26.5	/	1	2022 年 9 月
13	智能张拉设备	YCWB	柳州	2019	/	400 t	2	2022 年 9 月
14	智能真空压浆设备	IGS-400	柳州	2019	18	6 m³/h	1	2022 年 9 月
15	千斤顶	DYG1500-200	上海	2019	/	1 500 t	2	2022 年 9 月
三				路面基层				
1	摊铺机	ABG423	德国	2019	182	800 t/h	2	2023 年 4 月
2	双轮钢筒式压路机	XD132	江苏	2019	98	13 t	2	2023 年 4 月
3	振动压路机	XS202J	江苏	2018	128/自重 20 t	20 t	1	2023 年 4 月
4	轮胎压路机	XP301	江苏	2018	132/自重 30 t	30 t	1	2023 年 4 月
5	平地机	GR200	江苏	2019	147	/	1	2023 年 4 月
6	挖掘机	CAT330	美国	2018	180	1.5 m³	1	2023 年 4 月
7	装载机	ZL50F	山东	2019	162	2.5 m³	2	2023 年 4 月
8	自卸汽车	NG80	包头	2018	213	25 t	10	2023 年 4 月
9	洒水车	CGJ5000	南京	2019	120	5 000 L	1	2023 年 4 月
四				路面面层				
1	摊铺机	ABG423	德国	2018	182	800 t/h	2	2023 年 4 月
2	双轮钢筒式压路机	DD130	美国	2018	130	13.2 t	2	2023 年 4 月
3	振动压路机	XS202J	江苏	2018	128/自重 20 t	20 t	1	2023 年 4 月

续表

序号	设备名称	型号规格	国别产地	制作年份	额定功率/kW	生产能力	数量/台	预计进场时间
四	路面面层							
4	轮胎压路机	XP301	江苏	2018	132/自重 30 t	30 t	1	2023 年 4 月
5	自卸汽车	NG80	包头	2018	213	25 t	8	2023 年 4 月
6	沥青洒布车	XLS50A	徐州	2018	91	0.2～5.5 m	1	2023 年 4 月
7	洒水车	CGJ5000	南京	2019	120	5 000 L	1	2023 年 4 月

二、主要工程项目的施工方案、方法与技术措施

(一)路基工程

1. 工程概况

本标段路基填方 29.47 万立方米，挖土方 7.34 万立方米，挖石方 24.28 万立方米，路基标准横断面如图 5-5 所示。

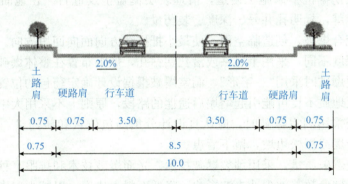

图 5-5 路基标准横断面

2. 路基土石方总体方案

路基土石方全部采用机械化施工，表土用推土机推除、集堆，装载机配合自卸汽车运输到指定地点；路基挖土方采用挖掘机挖装，自卸汽车运输，推土机配合的机械化施工；路基挖石方采用爆破配合挖掘机开挖，自卸汽车运输，挖掘机配合的机械化施工；路基填筑采用自卸式汽车运输填料，平地机摊铺、整平，压路机碾压密实。涵台台背等狭窄地点，用小型打夯机配合手扶式振动压路机夯实。

3. 路基挖方

(1)路堑开挖。

1)开工前，根据地形、地质、房屋和各种设施分布情况，制订切实可行的方案，报业主和监理批准后方可施工。

2)高路堑边坡开挖自上而下严格按设计图纸分级进行，开挖坡面一次成型，且开挖一级防护一级。挖石方从开挖面往下分段整修，每下挖 2～3 m，对新开挖边坡刷坡，同时清除

危石及松动石块、凿除欠挖部分。

3）土方路堑开挖后时，设不小于 3％的纵向排水坡。修筑路拱、整修边坡、整平路基面等均采用机械作业，人工配合。

4）路基挖土方采用挖掘机挖装，自卸汽车运输，推土机配合的机械化施工。

5）对较短的路堑采用横向开挖法，路堑深度不大时，一次挖到设计标高；路堑深度较大时，分台阶开挖。

6）较长的路堑采用纵挖法，当路堑宽度、深度不大时，按横断面全宽纵向分层开挖；其宽度、深度较大时，采用通道式纵挖法开挖。

7）开挖时按设计自上而下顺序进行，不乱挖和超挖，严禁掏洞取土，边坡预留设计厚度，开挖到台阶或开挖完成后，先用挖掘机刷坡，再由人工精修到位。

（2）石方路基爆破开挖。

1）恢复路基中线，放出边线，钉牢边桩。

2）根据地形、地质及挖深选择适宜的开挖爆破方法，制订爆破方案，做出爆破施工组织设计，报有关部门审批。

3）用推土机或挖掘机整修施工便道，清理表层覆盖土及危石。在地面上准确放出炮眼（井）位置，竖立标牌，标明孔井号、深度、装药量。

4）用推土机配合爆破，创造临空面，使最小抵抗线方向面向回填方向。

5）炮眼按其深度不同，采用手风钻或潜孔钻钻孔，炮眼布置在整体爆破时采用"梅花形"或"方格形"，预裂爆破时采用"一字形"，洞室爆破根据设计确定药包的位置和药量。

6）在居民区及地质不良可能引起坍塌后遗症的路段，原则上不采用大中型洞室爆破。在石方集中的深挖处采用洞室爆破时，应认真设计分集药包位置和装药量，精确测算爆破漏斗，防止超爆、少爆或振松边坡，留下后患。

7）为确保边坡爆破质量，采用预裂爆破技术、光面爆破技术和排眼毫秒爆破技术，同时配合选择合理的爆破参数，减少冲击波影响，降低石料大块率，以减少二次破碎，利于装运和填方。

8）装药前要布好警戒，选择好通行道路，认真检查炮孔、洞室，吹净残渣，排除积水，做好爆破器材的防水保护工作，雨期或有地下水时，可考虑采用乳化防水炸药；装药分单层、分层装药，预裂装药及洞室内集中装药。炮眼装药后用木杆捣实，填塞黏土，洞室装药时，将预先加好的启爆体放在药包中心位置，周围填以硝酸安全炸药，用砂黏土填塞，填塞时要注意保护启爆线路。

9）认真设计，严密布设起爆网络，防止发生短路及二响重叠现象。顺利启爆，并清除边坡危石后，用推土机清出道路，并用推土机、铲运机纵向出土填方，若运距较远时，用挖掘机装土，自卸汽车运输。

10）随时注意控制开挖断面，切勿超爆，适时清理整修边坡和暴露的孤石。

4. 路基填方

本项目利用挖方路段废弃土石方填筑路基，路基填料类型有残坡积碎石土、开山石渣。残坡积碎石土、开山石渣均为土石混合填料，按细粒土的填筑要求施工，分层填筑路基，采用重型机械碾压密实；利用硬质岩石质挖方路基及隧道废弃石方填筑路基时，按填石路基一般技术要求施工。

(1)施工工艺流程图。路基填土施工工艺如图 5-6 所示，路基填石施工工艺如图 5-7 所示。

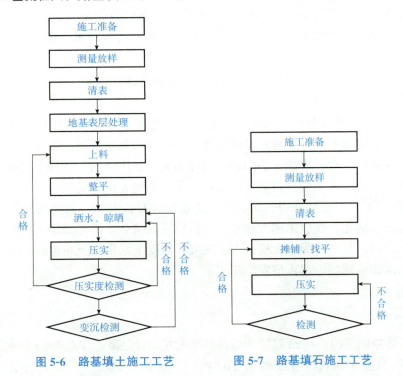

图 5-6　路基填土施工工艺　　图 5-7　路基填石施工工艺

(2)施工方法。在场地清理完成并适当晾晒后，进行全面填前碾压，压实度及松土层厚度必须符合设计和技术规范要求。

正式施工前，选择具有代表性的地段做试验路段，以确定不同填料所需的不同机械设备组合、压实系数、最佳含水量等参数，用来指导大面积施工。

路堤应严格按照路线纵坡分层施工，每层最大松铺厚度不大于设计值。不同土质的填料应分层填筑，不得混填，每种填料总厚度不得小于设计要求。

施工中，应按照试验路段总结的松铺厚度，用"网格法"控制卸料，并在路基两侧用花杆挂线控制摊铺厚度。土料由推土机摊铺、平地机整平、各层路基顶面做成双向排水路拱。碾压时，应保证填料的含水量在最佳含水量的±2%。碾压时，按照试验路段总结的碾压工艺，用压路机从路边向路中，从低侧向高侧顺序碾压，遵照"先轻后重、先慢后快"的原则，做到无漏压、无死角，确保均匀碾压，直到达到规定的压实度为止。

(3)新旧路基结合部处理。新旧路基结合路段先按原路边坡清除表土 30 cm(法向厚度)，新旧路基结合部第一级台阶从原旧路面边缘自上而下开挖，第一级台阶高度为 80 cm，开挖宽度为旧路土路肩宽度，以下每级台阶伸入原路基边坡 100 cm，台阶反向坡度为 4%。

(4)零填或低填段路基处理。当路基填土高度小于 150 cm 时(路面结构层厚度 70 cm 与路床厚度 80 cm 之和)，应保证新建路面结构层底面以下 80 cm 全部为透水性材料，原地面以上为填筑透水性材料，原地面以下为换填透水性材料，原旧路路床结合段以以往设计资料及通过现场挖探坑验证旧路路床，多为黑色黏土，换填透水性材料对路基更为有利。

（5）填方路段存在横向、纵向陡坡处理。填方路段存在地面横坡及纵坡大于 1：5 时按斜坡路基处理，应先清草皮再挖台阶，挖台阶后要求与其他部分填土同层填筑并同层碾压，纵向填挖交界处沿纵向两侧各 10 m，横向填挖交界处沿横向两侧各 5 m 设置两层复合钢塑土工格栅：第一层设于距离路槽底 80 cm 处，于其上 40 cm 处铺筑第二层。

5. 涵洞工程

新建 1.5 m 圆管涵共计 247.48 m 8 道，1.0 m 圆管涵共计 67.32 m 5 道（含辅道 2 道）；新建暗板涵共计 43.62 m 2 道。

（1）圆管涵施工。基坑开挖以挖掘机为主，人工配合。当开挖到接近设计高程时，停止机械开挖，用人工清理到设计高程；基础混凝土在拌合站集中拌制，混凝土搅拌运输车运送到场，使用料斗进行浇筑，管涵在小型预制构件场集中加工预制，运输至现场后采用汽车起重机安装。安装完成后采用挖掘机进行回填，并采用小型夯机夯实。

（2）盖板涵施工。盖板涵采用就地浇筑、盖板预制安装工艺，钢筋在加工场集中加工成半成品，现场进场绑扎，模板采用大块定型钢模板现场拼装。搅拌站集中拌制混凝土，混凝土罐车运输至现场，泵送混凝土入模，人工振捣，混凝土采用土工布覆盖。盖板在预制场预制，采用汽车运输至现场，起重机安装施工。

（二）路面工程

1. 工程概况

本项目新建路面结构：4 cm 温拌 SBS 改性细粒式沥青混凝土（AC-13C）上面层＋粘层油＋6 cm 温拌 SBS 改性中粒式沥青混凝土（AC-20F）下面层＋橡胶沥青碎石封层＋20 cm 厂拌 4％水泥稳定碎石上基层＋20 cm 厂拌 4％水泥稳定碎石下基层＋20 cm 级配碎石底基层，总厚度为 70 cm。

桥面层：4 cm 温拌 SBS 改性细粒式沥青混凝土（AC-13C）上面层＋粘层油＋6 cm 温拌 SBS 改性中粒式沥青混凝土（AC-20F）下面层＋橡胶沥青碎石封层。

本工程道路底基层材料为级配碎石垫层，工艺流程：施工放样→运输→摊铺→碾压。

（1）施工放样。在路基上恢复中线。直线段每 20 m 设一桩，平曲线段每 10 m 设一桩，并在两侧路肩边缘外 0.5 m 设指示桩；进行水平测量。在两侧指示桩上用明显标记标出垫层边缘的设计高度。

（2）运输。运料车全部覆盖，将合格混合料运送到摊铺现场，并卸在摊铺机料斗内。卸料时，不要一次性将车厢举升至最高。车厢升起一定高度后停止举升，待卸出的混合料接近铺完后再举升车厢卸完混合料，降低离析。

（3）摊铺。采用两台摊铺机按规定的松铺厚度摊铺，摊铺机的行走速度应均匀一致，宜控制在 2～3 m/min，前后两台摊铺机应相隔 5～10 m，且确保中间接缝搭接 10～20 cm，搭接处要平整。摊铺机的螺旋布料器不少于 2/3 埋入混合料中，以避免离析。摊铺机采用两侧架设基准钢丝，中间架设平衡导梁的方法，控制顶面横坡和高程。

（4）碾压。碾压时重叠 1/3～1/2 轮宽；每次振压重轮重叠 30～50 cm，重轮振压全宽即 1 遍，注意单钢轮压路机碾压范围不要超出轮胎压路机碾压范围，避免拥包影响平整度；终压使用轮胎压路机碾压两遍。

2. 水泥稳定碎石基层施工

（1）施工工艺流程图。基层施工工艺流程如图5-8所示。

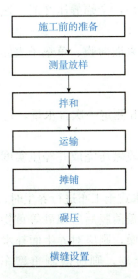

图5-8　基层施工工艺流程

（2）基层施工前垫层质量检查。

1）基层施工前底基层的主要检查项目包括强度检查及平整度检查，应满足《公路工程质量检验评定标准 第一册 土建工程》(JTG F80/1—2017)中的相关规定。

2）当垫层检测不能达到设计要求的强度指标时，必须采取技术措施进行处理，否则不能进行基层铺筑。

3）经试验路段铺筑后最后确定的施工配合比、路面各层检测技术指标，必须严格把关，不得随意更改，以确保工程质量。

4）路用材料运输至现场后必须进行质量检验，不同料源、品种、规格集料不得混堆。

（3）基层施工。水泥稳定级配碎石基层混合料全部由拌合站集中拌和供应，并采用全断面机械摊铺法施工。基层混合料运输摊铺时不应产生粗、细粒料离析现象，分布应均匀，碾压应充分，并要及时养生，达到规定的密度。施工完毕后应立即进行养生，其养生期一般不得少于7 d。尽可能采取一布一膜及时覆盖养生，碾压完成后应尽快检测，避免水直接冲击水稳表面，应采用雾化效果好的水车进行养生作业。养生期间，除洒水车外，应禁止一切车辆通行，施工车辆应从施工便道进出工点。

为尽可能减少水泥稳定级配碎石半刚性基层的缩裂，保证其具有较好的平整度，施工中应注意以下几个问题：

1）在满足设计强度的基础上限制水泥用量。

2）合成级配中小于0.075 mm的颗粒含量不宜大于4.5%，且不宜小于2.5%。

3）为确保摊铺层材料的均匀性和表面平整度，应选用先进的摊铺机予以摊铺。

4）严格控制施工碾压时的含水量。即材料的含水量不能超过压实所需的最佳含水量的1%。

5)碾压方法。初压：双钢轮振动(振荡)压路机(1台)，去静回振1~2遍，速度控制在1.5~1.7 km/h；复压：单钢轮压路机(2台)，1/2错轮碾压3~4遍，速度控制在1.8~2.2 km/h；终压：胶轮压路机(2台)，全幅静压2遍，速度控制在1.8~2.2 km/h。压实度大于或等于98%。

6)加强早期养生，避免暴晒，采取薄膜、草垫子表面覆盖措施进行洒水养生，养生结束应及时施工面层。

(4)质量管理与控制。

1)在拌合场取料，混合料每1 h测定一次含水量，每2 h滴定一次水泥剂量，并做好记录，以备检查。

2)水泥稳定材料施工时，每一段碾压完成并经压实度检查合格后应立即开始养生，不得延误。

3)基层当采用不透水薄膜、透水式土工布进行养生时，薄膜应有一定厚度(不小于1 mm)，两幅间应相互搭接20 cm以上。覆盖薄膜后应以砂等重物压边，不宜采用土颗粒或基层废料等具有污染性材料压边。如气候干燥，则应对养生面补水。

4)如养生期少于7 d施工其上层，则应限制重型车辆通行，其他车辆的车速不应超过30 km/h。

5)同一种类的水泥稳定材料分层施工时，下层水泥稳定土碾压完成后，经过1 d就可以铺筑上层水泥稳定材料。在铺筑上层稳定土之前，应始终保持下层表面湿润。

6)对于基层下层表面，应喷洒水泥净浆，按水泥质量计，宜不少于0.8~1.2 kg/m^2，需通过现场试验确定喷洒剂量，水泥净浆稠度以能洒布均匀为度，洒布长度以不大于摊铺机前30~40 m为宜。

7)上基层在施工完成24 h内应撒布透层油，确保透层的渗透深度能达到规范要求的5 mm。

3. 沥青混凝土面层施工

改性沥青混合料面层施工应符合《公路沥青路面施工技术规范》(JTG F 40—2004)的规定。改性沥青混合料面层正式开工前，铺筑100~200 m试验路段，进行改性沥青混合料的试拌。

(1)施工工艺流程图。沥青混凝土施工工艺流程如图5-9所示。

(2)沥青混凝土表面层配合比。

1)目标配合比设计阶段。确定冷料配合比，使之符合级配要求并确定最佳用油量。即确定冷料仓的供料比例、进料的速度及试拌用量。

2)生产配合比设计阶段。对沥青拌合站的堆料场中的各种粗细集料均重新取样进行筛分试验，如筛分结果发现集料的颗粒组成与进行目标配合比设计的颗粒有明显差别，则重新进行矿料配合比计算，重新确定各冷料仓的出料比例。拌合站冷料仓的集料按目标配合比确定的比例进入烘干筒烘干后，热料经过二次筛分后分成4种不同粒径的集料，分别进入搅拌站内的热料仓。各个热料仓中集料颗粒组成不同于冷料仓，重新进行矿料比计算，以确定各个热料仓进入拌合缸的比例，并检验确定最佳沥青用量。

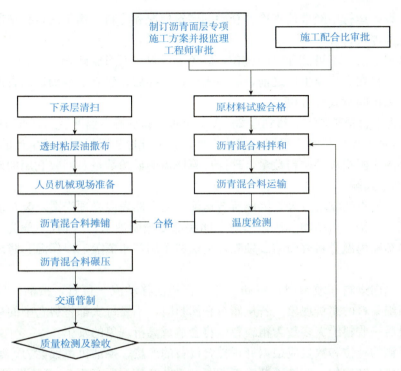

图 5-9　沥青混凝土施工工艺流程

3)生产配合比验证阶段。使用沥青混合料拌和设备按生产配合比进行试拌、试铺试验路段，将试拌的混合料进行抽提试验，通过试铺的混合料进行马氏试验，由此确定生产用标准的配合比，通过试拌、试铺，为正式铺筑提供经验和数据。在生产时如料源发生变化或检测指标不符合要求时，及时调整配合比。

(3)改性沥青混合料生产。改性沥青生产时严格控制施工温度。

1)在进行冷料仓的布置时，为了易于在输送带上观察细集料供给是否正常并防止离析现象的发生，将细集料安排在靠近烘干筒的一侧，并由细到粗向另一侧布置。

2)拌料时，控制好冷料进料速度，如不匹配就会使混合料出现断级配或某一粒径料偏差过大。

3)级配控制，生产配合比确定后，调整材料皮带转速，均匀上料，不空仓，不溢流，进入自动控制状态，禁止手动，如进场材料发生变化，并经检测沥青混合料的指标不符合要求，及时调整配合比，并重新进行配合比设计。

4)拌和温度根据所用改性沥青的粘温曲线确定，沥青罐温度控制在 160～170 ℃，集料温度控制在 180～200 ℃，出厂温度控制在 175～185 ℃。每日在开机前，将石料温度调整到适宜温度，再加入沥青拌和，否则将温度超高或温度偏低的石料排放。

5)控制好拌和时间。沥青混合料的拌和时间以混合料拌和均匀、所有颗粒全部裹覆沥青结合料为度。无花白料、结团成块、冒青烟或严重的粗料分离现象。拌和时间可根据拌合楼试拌确定，一般情况为 45 s。

6)不能随意更改施工配合比，各料仓的储料严重失衡时，及时停机，以防止满仓或储料串仓。在拌合设备运行中经常检查冷料仓中的储料情况和冷料运输带的运行情况，如果发现有卡堵现象立即停机。

7）混合料拌和后，不可储存时间过长，以免混合料表面形成硬壳。

8）沥青混合料在大规模生产之前，必须先通过试拌后，然后试验确定沥青混合料的生产配合比。拌和采用间歇式拌合机。

9）改性沥青混合料矿料需加热到近 200 ℃，并通过试验确定温度达到要求时的拌和时间。

10）向混合料添加填料时，采用机械法掺加，并配计量装置根据每天生产的混合料数量，核实向存储罐内实际投放的矿粉数量，理论计算所需的矿粉数量及回收利用的矿粉数量。

（4）混合料的运输。

1）由于改性沥青的黏度较大，因此所有运输车的车厢表面必须光滑，装车前仔细用钢刷清扫车厢表面，不留一点杂物。运输车的车厢底部要涂刷油水混合物（一般为 1∶3），而且为了防止运输车厢内混合料表面结成硬壳，运输料车用苫布覆盖，以保温、防雨、避免尘土污染混合料。

2）从搅拌站向运料车放料时，每卸一斗混合料便移动汽车位置，按前、后、中顺序放料，以减少粗细集料的离析现象。若从储料仓卸料时，不要每次都将料仓中的料卸光，因为卸料过程中最后一些料绝大多数为粗集料，将会造成离析现象的发生。

3）运输车辆的吨位和数量应根据沥青拌合设备的产量、摊铺机摊铺能力、运输距离来确定，确保摊铺机摊铺均匀，连续不断施工即可，摊铺机前积压车辆 5～7 辆即可，不宜过多。

4）连续摊铺过程中，运料车应在摊铺机前 10～30 cm 处停住，不得撞击摊铺机。卸料过程中挂空挡，靠摊铺机推动前进。上坡摊铺时挂低挡；下坡摊铺时略带刹车。

5）已经离析或结成不能压碎的硬壳、团块及低于规定铺筑温度或雨淋湿的混合料应废弃。

（5）混合料的摊铺。为了保证路面平整度，要按照规范要求做到缓慢均匀，连续不间断地摊铺，摊铺中不得随意变换速度或中途停顿，摊铺速度一般控制在 3 m/min，在摊铺机前至少要有 5 台以上的运行车等候。做到宁可运料车等候摊铺，也不能摊铺机等候运料车。

在摊铺过程中，如果不能连续供料时，摊铺机将剩余的混合料都摊铺完成，抬起摊铺机，做好临时接头，将混合料压实，避免出现冷却结硬的情况。

改沥青混合料在摊铺过程中，突然遇到降雨的情况时，立刻停止摊铺，将已经摊铺的混合料迅速碾压，如果碾压成型有困难的，应予以铲除。

（6）混合料的碾压。改性沥青混合料的压实，要提高碾压温度，碾压成型的最低温度为130 ℃。

碾压工作在混合料完成摊铺后立即进行，碾压时距离摊铺机 3～5 m 折返，要保持均衡地进行，速度要慢，不超过 5 km/h，以免对热料产生推移，出现裂纹，影响内在质量和平整度，同时保持匀速，不能急刹车，若中途停留，转向制动，则压路机必须沿原路返回，压路机不能在未冷却结硬的路面上停留。

压路机碾压应从外侧向中心碾压，碾压过程分为初压、复压、终压三个阶段完成，每个碾压段一般在 30 min 内完成，对压路机碾压不到的部位应用板夯等小型碾压器具及时补压，确保压实度。同时，还要满足平整度的要求。具体技术要求如下：

1)碾压温度严格控制，初压不低于150 ℃，保持碾压终了温度不低于100 ℃，由此决定压路机数量。

2)改性沥青混合料摊铺后立即执行碾压，距离摊铺机3～5 m折返，要保持均衡地进行；碾压速度：有些文献的建议值与《公路沥青路面施工技术规范》(JTG F 40—2004)规定有差异，应通过试验路段的试验，参照规范规定确定。

3)压路机每次从两端的折返位置不得在同一固定位置上，要呈阶段性向前推进。

4)采用振动压路机，压路机轮迹的重叠宽度不得超过20 cm。

5)压路机碾压时从外侧向中心碾压，在有超高路段施工时，碾压从低的一边开始，逐步向高的一边碾压。

在碾压过程中如有粘轮现象，对于自动喷雾的压路机，向水箱中加入洗涤剂，以减轻粘轮，严禁洒水。胶轮压路机在连续碾压一段时间轮胎发热后，停止向胶轮喷水。喷水过量会加速沥青混合料的温度下降，必须控制(表 5-12)。沥青路面施工由 2 台 CC622 型双钢轮振动压路机和 2 台 XP301 轮胎压路机完成。

表 5-12　碾压温度控制表

初压	复压	终压温度
>160 ℃	120 ℃～150 ℃	100 ℃～120 ℃

(7)接缝处理。

1)纵缝：本工程采用 2 台摊铺机摊铺，先后梯队交错排列，沥青混合料的摊铺在路面全宽内一次性连续进行，并严格控制两台摊铺机之间的距离保持在 15 m 左右，以此确保纵向接缝是热接缝。

2)横缝：改性沥青表面层，横向接缝采用切割成垂直平面的方法，在其尚未冷却之前就切割好，并利用水将接缝冲洗干净，第二天涂刷粘层油，继续铺新混合料，在接缝施工过程中，利用 3 m 直尺对平整度进行检查，防止接头不好影响全路的平整度。

3)质量控制与检测：改性沥青施工质量管理应该满足现行《公路沥青路面施工技术规范》(JTG F 40—2004)的要求。必须铺筑试验段，试验段的长度一般不宜小于 200 m，通过混合料的试拌、试铺，确认混合料的矿料和油石比，通过试验段的铺筑，做好试验段总结，规范整个施工工艺的全过程，确定所有的施工参数。

(8)开放交通。热拌沥青混合料路面应待摊铺层完全自然冷却，混合料表面温度低于50 ℃后，方可开放交通。需要提早开放交通时，可洒水冷却降低混合料温度。

铺筑好的沥青层应严格控制交通，做好保护，保持整洁，不得造成污染，严禁在沥青层上堆放施工产生的土或杂物，严禁在已铺沥青层上制作水泥砂浆。

4. 封层、粘层、透层施工

(1)透层施工。基层养生期满后，用人工和高压鼓风机对上基层顶面进行清扫、并用高压水枪冲洗干净，做到顶面无灰尘、浮砂。如遇大风或即将降雨，不得浇透层沥青。透层沥青洒布后应不致流淌，渗入基层到一定深度，不得形成油膜。气温低于 10 ℃时，不宜浇洒透层沥青。透层油应一次浇洒均匀，当有遗漏时，应用人工补洒。浇洒透层沥青后，严禁车辆行人通过。在铺筑面层前，或局部地方尚有多余的透层，沥青未渗入基层时，应予以清除。透层采用沥青洒布车施工，喷油管与路面呈30°角，并有适当高度。沥青洒布车应配备适用于不同稠度沥青喷洒用的喷嘴，施工前检查洒布车的油泵系统、输油管道、油表量、保温设备。为了保证沥青洒布均匀，喷油管的长度应小于3 m。洒布时，严格按照规定用量均匀喷洒。

(2)稀浆下封层施工。喷洒透层油后铺筑下封层，采用沥青稀浆封层，且做到完全密水。稀浆下封层的沥青材料采用SBS改性乳化沥青，其品种和质量应符合《公路沥青路面施工技术规范》(JTG F 40—2004)的要求。

稀浆下封层采用稀浆封层铺筑机铺筑。施工前要彻底清扫基层表面，做到洁净无尘，还应按技术规范要求处理基层裂缝、施工缝及上基层与结构物的接缝，同时要封闭交通，减少干扰以保证成型质量。

稀浆封层应在干燥情况下铺筑，且施工时气温不应低于10 ℃。铺筑前，应对稀浆封层铺筑机的计量、行走、拌和、摊铺、清洗等各个系统做好调试、标定和检修。铺筑时应匀速前进，达到厚度均匀、表面平整的要求。在摊铺过程中，应控制好集料、填料、水、乳液的配合比。当铺筑过程中发现有一种材料使用完成时，必须立即停止铺筑，重新装料后再继续进行。搅拌形成的稀浆混合料应符合质量要求，并有良好的施工和易性。

(3)粘层施工。沥青面层间的粘层采用沥青洒布车施工，在铺筑覆盖层之前24 h内洒布粘层沥青，用量为0.4 L/m²。洒布前，应对洒布面进行彻底清扫，并用水冲洗干净，待表面干燥后，按照透层施工方法进行。粘层油采用沥青洒布车喷洒，洒布时洒布车保持稳定的速度和喷洒量，喷洒要求均匀，边角处要求人工均匀涂刷。粘层油洒布后必须待其破乳、水分充分蒸发后方可铺筑沥青。在有污染物、下雨和结露情况下不允许洒布施工。施工时温度应高于露点温度3 ℃。除运送沥青车辆外，任何车辆均不得在完成的粘层上通行。

(三)桥梁工程

1. 工程概况

本项目跨越原有饶盖线及自然保护区设置一座大桥，桥梁中心桩号为K1+259，全长为246.0 m，交角为90°，跨径布置为8×30 m预制预应力混凝土T梁；桥面宽度：净9.0 m+2×0.5 m防撞墙，上部结构为预应力混凝土T梁，下部结构肋板式桥台、双柱式桥墩，钻孔灌注桩基础。

K4+578原桥为2～8 m小桥，因设计线位调整及路面宽度变化，该桥拆除后新建2～10 m小桥，桥台为重力式桥台，桥墩为重力式桥墩。

2. 钻孔灌注桩

本项目桩基础均采用钻孔灌注桩基础，根据我公司在类似工程上的施工经验，在对本桥所处地层地质条件进行研究的基础上，采用冲击钻成孔的工艺。

(1)施工工艺流程图。钻孔桩施工工艺流程如图5-10所示。

(2)施工放样。开始施工之前由测量队进行桩基位置定位，对于桩顶标高大于现场原地面标高的，需回填至桩顶80 cm以上，之后对准备施工的桩位进行精确放样定位，放样经监理现场复核无误后，利用十字线放出4个护桩，并以4个护桩为基准进行护筒埋设。

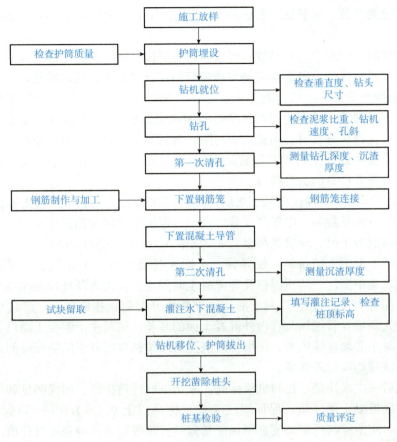

图 5-10　钻孔桩施工工艺流程

（3）护筒埋设。钢护筒制作：钢护筒内径比桩基桩径大 300 mm，钢护筒由 3～8 mm 厚 Q235 钢板卷制，在专业钢结构加工厂进行加工。护筒埋设一般采用挖埋法将护筒放入，埋深 2～4 m，筒口高出原地面 30 cm。

（4）钻机就位。钻机摆放要平稳、周正、牢固，防止钻进过程中机架偏斜、晃动。在施工中经常检查钻机的垂直度，发现倾斜及时调整。

（5）钻孔。开始钻进时，进尺应适当控制。在护筒附近，应短冲程钻进，使刃脚处有坚固的泥皮护壁。待钻进深度超过钻头全高加正常冲程后可按土质以正常速度钻进。如护筒外侧土质松软发现漏浆时，可提起钻锥，向孔中倒入黏土，再放下钻锥冲击，使胶泥挤入孔壁堵住漏浆孔隙，稳住泥浆继续钻进。

（6）清孔。支承桩的沉淀厚度应符合图纸规定。嵌岩桩的沉淀厚度应满足图纸要求，并不得加深孔底深度代替清孔。

当钻至设计深度后，机组人员、质检员会同监理检查孔深和桩底持力层。应用测绳下挂 0.5 kg 重铁锤测量检查孔深，核对无误后进行清孔，垂直度检测采用检孔器，检孔器的外径尺寸不小于桩孔直径，长度为外径的 4～6 倍。

（7）下置钢筋笼。钢筋笼骨架在钢筋加工场制作，利用 12 m 运输车托运至现场，配合起重机进行钢筋笼的下放；钢筋笼吊装在清孔之前完成，以缩短清孔完毕到开始灌注水下混凝土的时间。

吊入钢筋笼时，应对准孔位轻放、慢放，避免碰撞孔壁，防止引起坍孔。钢筋笼主筋应按设计文件要求进行连接，每节钢筋笼焊接完毕后应补足接头部位的箍筋，方可继续下笼。

（8）下置混凝土导管。在吊入钢筋骨架之后，立即安装导管，然后进行泥浆循环，以防止出现塌孔或缩径现象；导管使用前试拼，并做水密试验，以15 min不漏水为宜。仔细检查导管的焊缝。在连接导管时，用橡皮密封圈，并打紧导管接头，以防止灌注混凝土时发生导管漏水现象。保证混凝土首灌时导管悬空在0.3～0.4 m。导管分节长度应便于拆装和搬动，并小于导管提升设备的提升高度。

（9）灌注水下混凝土。灌注混凝土之前应进行二次清孔，泥浆浓度和孔底沉淀达到规范要求后，应进行首灌量控制，以保证导管底口埋入混凝土内深度超过1 m。

1）开始浇筑混凝土时，导管底部至孔底的距离宜为300～500 mm。

2）应有足够的混凝土储备量，使导管一次埋入混凝土面1.0 m以下。同时根据成孔速度，合理安排，集中灌注，防止因桩孔等混凝土时间过长而出现断桩或夹泥现象。

3）导管埋深宜为2～6 m，以利于灌注，导管提升时防止挂钢筋笼，严禁导管提出混凝土面，应有专人测量导管埋深及管内外混凝土面的高差，填写水下混凝土浇筑记录。

4）水下混凝土必须连续施工，每根桩的浇注时间按初盘混凝土的初凝时间控制，对浇筑过程中的一切故障均应记录备案。

5）控制最后一次灌注量，控制桩顶标高：采用下取样筒捞样、测绳测量和理论计算灌注长度来准确控制混凝土灌注量，保证灌注至桩顶标高以上0.5～1.0 m。以保证桩头强度。桩顶不得偏低，应凿除的泛浆高度必须保证暴露的桩顶混凝土达到强度设计值。

（10）桩头处理与超声波检测。桩基施工完毕承台开挖后，对于超灌的桩头混凝土采取人工风镐清除，直到全部露出新鲜混凝土后对桩身进行超声波检测。

3. 墩台身、盖梁施工

（1）墩台身施工。施工前，凿除基础、系梁与墩台身结合部位表层砂浆，定出墩台身位置。墩台身钢筋在加工棚集中下料，用起重机配合安装，墩台身钢筋与基础预留连接筋焊接。墩柱采用定型钢模一次浇筑成型，模板用起重机安装，柱模四周用缆绳对拉固定牢固。混凝土采用搅拌车运输，起重机配吊斗入模，水平分层连续浇筑。混凝土高度应高出设计标高3～5 cm，施工盖梁时再将其凿除。混凝土灌注完毕后，采用土工布包裹保水养护。

（2）盖梁施工。

1）盖梁钢筋在钢筋场地加工及制作，用平板拖车运到现场，由起重机配合人工安装，绑扎成型骨架，一次绑扎成型，绑扎墩台钢筋时注意预埋钢筋的绑扎。

2）盖梁采用支架法施工；采用定型钢模板，人工配合起重机分段安装。注意表面的光洁度和美观。墩台模板本身的刚度和支架稳定性，要保证足够承受混凝土的压力和灌注时的冲击。

3）混凝土采用混凝土搅拌运输车运至现场，起重机垂直运输。

4）在整个平截面范围水平分层进行浇筑，插入式振捣棒振捣，上下层混凝土浇筑间隔不得超过水泥初凝时间。

5）盖梁混凝土要在一次作业中浇筑完成。浇筑完成后要及时进行养护。脱模时的强度宜为 2.5 MPa 以上。

4. 钢筋混凝土现浇板

K4+578 小桥上部结构为钢筋混凝土现浇板。

(1)施工前应对全桥上、下部标高，地面标高、跨径及各部尺寸进行全面复核，预览设计全图，以防止预埋钢筋遗漏。

(2)施工必须严格按照工序进行，对照各相关图纸，有关预埋件不得遗漏。本桥处于Ⅵ度地震烈度区，注意图纸上的抗震措施要求。

(3)钢筋混凝土现浇板采用满堂支架现浇的施工方式，搭设支架前必须对地面进行修整，并对支架下的地基进行预压处理，支架下设枕木底座等措施以防止地基沉降对现浇板产生不良影响。浇筑混凝土前必须对支架进行等恒载预压，以消除支架的塑性变形及部分弹性变形的不利影响。

(4)现浇板满堂支架的强度、刚度和稳定性应符合《公路桥涵施工技术规范》(JTG/T 3650—2020)的规定。

(5)现浇板的浇筑应按先跨中后支点的顺序进行，并采用一次浇筑成型的施工形式。混凝土应振捣均匀，防止漏振或过振。钢筋混凝土现浇板底面钢筋布置较密，应加强施工振捣，保证施工质量。

(6)当现浇板强度不小于设计强度的 80% 以后，方可拆除支架及脚手架。现浇板支架的拆除顺序为先跨中后支点。

5. T 梁预制

(1)预制施工工艺。预应力混凝土 T 梁施工工艺流程如图 5-11 所示。

(2)T 梁预制。

1)台座制作。制梁台座采用混凝土基础+钢底模形式。底座下设 C25 混凝土扩大基础，底座采用 C30 钢筋混凝土浇筑。台座底模采用 8 mm 厚钢板，铺设后的底模与底座紧密接触，表面应平整，两侧边预埋角钢包边。准确固定止水橡胶管和防止棱角混凝土破坏，并根据模板加劲脚预埋对拉螺栓孔。

2)腹板钢筋绑扎。钢筋下料、加工、定位、绑扎、焊接严格按规范及设计图纸进行。对于原材料及已加工好的钢筋应分类堆放，并做好标识，以便检查。墩粗钢筋端头用砂轮机切平，钢筋丝头套上塑料套保护。所有钢筋交叉点均必须双丝绑扎结实，必要时可用点焊焊牢；钢筋焊接时，注意搭接长度，两接合钢筋轴线一致，HRB335 级钢筋采用 502 焊条。直径为 25 mm 及以上的钢筋采用墩粗直螺纹机械连接接头，连接紧密，符合Ⅰ级接头相关要求。

钢筋绑扎、安装时应准确定位，伸缩缝及防撞护栏预埋筋、翼缘环形钢筋、端部横向连接筋必须使用钢筋定位辅助措施进行定位；横隔板钢筋必须使用定位架安装，确保高低、间距一致，并符合设计要求，无漏筋现象，也可采取提前制作，整体安装；与波纹管等干扰的钢筋严禁切断，应采取合理措施避开钢筋。

(3)波纹管及锚垫板安装。预应力混凝土 T 梁张拉孔道采用预埋波纹管成型。波纹管应不漏浆、不漏水、不脱节，具有一定的刚度，表面无孔眼和裂隙。其接头由大一号的波纹管作为接头管，重叠 15~20 cm，接口处缠宽度约为 5 cm 的胶布。

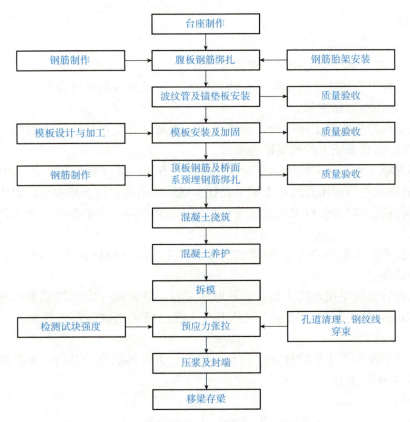

图 5-11　预应力混凝土 T 梁施工工艺流程

波纹管用定位网按下发施工图纸设计坐标定位。定位网钢筋与梁体钢筋应焊牢,以防止浇筑混凝土过程中波纹管上浮。波纹管与普通钢筋位置发生冲突时,适当移动普通钢筋。波纹管安装就位过程中尽量避免反复弯曲,以防止管壁开裂,还要防止电焊火花烧伤管壁。波纹管安装好后,派专人检查波纹管的位置和形状是否与设计相符,固定是否牢靠,接头是否完好,管壁有无破损。如有破损,用粘胶布的方法修补。

锚垫板经精确测量后用短钢筋临时固定于钢筋骨架上,与波纹管垂直,螺旋箍筋和加强钢筋绑扎齐全,锚垫板与波纹管连接处用胶布包扎,以防止脱落进入砂浆或混凝土。安装模板时,用定位螺栓将锚垫板可靠固定在模板上,锚垫板喇叭口与孔道用防水生胶带及塑料胶带严密缠裹。为防止进浆堵管,锚垫板灌浆孔道要用同径管丝封堵,在锚垫板与模板间衬垫泡沫板。

(4)模板安装及加固。侧模安装前,先将模板打磨,剔除焊渣及混凝土结块,均匀地涂抹脱模剂,安装止浆胶带,然后进行模板安装。在安装过程中,要保证模板的接缝严密平顺,板面局部平整度用 3 m 直尺检查,不能大于 1 mm,板面及板侧挠曲度严格控制在 ±1 mm,轮廓线条应流畅顺直、无波折。

模板安装完毕后,检查整片梁模的竖直度、线形及净空尺寸,在满足要求的条件下,进行顶板上梳形板的安装,紧固模板上下拉杆及插打底部楔子,使模板支撑稳定牢固,经质检人员及监理工程师检查合格后进行下道工序施工。

(5)顶板钢筋及桥面系预埋钢筋绑扎。侧模安装后绑扎顶板钢筋，预留顶板纵向负弯矩预应力筋张拉槽口。对于边梁按照设计图纸预埋护栏预埋筋，确保钢筋线形齐平、间距均匀。

为确保钢筋保护层厚度的质量，采取专用模具生产的不小于构件本身强度的工字形垫块。原则上每平方米布置 4 块，变截面部位和主筋布置部位适当加密。

(6)混凝土浇筑。梁部混凝土一次性浇筑成型，混凝土为拌合厂集中拌和，罐车运输，龙门式起重机配合料斗入模，采用插入式振捣棒及附着式振捣器配合捣固。

混凝土应连续浇筑，斜向分段，水平分层。浇筑方向从梁的一端循序进展至接近另一端时，改从另一端向相反方向投料，而在距离该端 4～5 m 处合龙，以避免梁端混凝土产生蜂窝等不密实现象。混凝土振捣采用插入式振捣棒和附着式振动器配合振捣，上层混凝土在下层混凝土初凝前浇筑和振捣，振捣棒插入下层混凝土 10 cm，避免两层混凝土产生施工缝。振捣过程中尽可能地避免振捣棒与波纹管和预埋件相接触，与侧模保持 5～10 cm 的距离。

(7)混凝土养护。在混凝土初凝收浆以后，立即覆盖土工布洒水保湿养护，养护不得少于 7 d，每天浇水次数视具体情况而定，以能保持混凝土处于足够的润湿状态为宜，梁体混凝土浇水养护采用自动喷淋养护，即在台座两侧预设水管及喷头，养护时直接开关即可。

(8)拆模。当混凝土抗压强度达到 2.5 MPa 时，方可拆模。拆模时，人工操作，起重机配合。

(9)预应力张拉。混凝土强度及龄期达到张拉条件后按设计要求顺序进行张拉。预应力张拉施工，必须按照设计及相关技术标准要求的智能张拉压浆工艺和规范规定的张拉程序进行。

张拉时，用应力控制方法张拉，并以伸长值进行校核，实际伸长值与理论伸长值之差应控制在 6％以内。否则应暂停张拉，待查明原因并采取措施加以调整后，方可继续进行张拉。梁体混凝土达到设计强度及龄期方可进行预应力张拉施工。

(10)孔道压浆及封端。孔道采用真空压浆工艺，48 h 内完成压浆。压浆前用高压水将管道冲洗干净，压浆按照先下后上，由低到高的顺序进行，当排气孔中排出浆液浓度与压入的浆液一致后，堵塞排气孔，稳压将进浆阀关闭，以保证压浆饱满密实。压浆完成后，及时采用微膨胀混凝土封端。

6. T 梁架设

架梁前，修筑施工便道，平整压实每孔架梁场地。T 梁用运梁车运输至施工现场，采用两台 75 T 汽车式起重机进行安装。

(1)对安装设备的强度、刚度和稳定性应进行必要的验算；架梁前要进行试吊。

(2)T 梁运输时，宜采用特制的固定架稳定构件。

(3)梁的运输应按高度方向竖立放置，并应有防止倾倒的固定措施；装卸梁时，必须在支撑稳妥后，方可卸除吊钩。

(4)T 梁安装前应对墩台的施工质量进行检验，并应对支座或临时支座的平面位置和高程进行复测，应保持一致，合格后方可进行 T 梁的安装。

(5)T 梁安装施工期间，严禁行人、车辆在作业区域的桥下通行。

7. 桥面系施工

在预制梁简支架设后要及时进行连续化施工。施工顺序为安装中间墩临时支座、架梁→浇筑墩顶现浇连续段→张拉中墩顶 T 梁负弯矩钢束→拆除中间墩临时支座、浇筑翼缘板、横隔梁湿接缝→形成连续体系。

(1)横隔板。T 梁半幅一跨安装完毕后立即进行端、中横隔板钢筋连接,以固定梁体位置。钢筋连接时由于钢筋较密集,工作面狭窄,且预埋的钢筋全部进行焊接,采取精细施工。

(2)墩顶现浇混凝土。首先检查垫石支座的标高,尺寸及梁底与支座间的支垫钢板位置是否正确,无误后开始支底模,底模用竹胶板。施工时应根据现场实际情况,支垫平整、严密,杜绝漏浆。底模支好后,先绑扎钢筋,再支立侧模板。施工时,钢筋采用现场逐根绑扎的方法,顺序是先连接 T 梁纵向钢筋及钢板条,再绑扎横向及竖向的钢筋,横向钢筋可从桥两侧穿入,钢筋绑扎经检验合格后开始支侧模,端横隔板的外模可用对拉螺杆的方式固定,边梁外侧的模板可支撑于盖梁(上系梁)上,侧模采用竹胶板。

(3)负弯矩预应力施工。墩顶现浇段混凝土的强度达到设计强度的 100% 以后,施工负弯矩预应力。钢绞线张拉时采用两端张拉,施工控制采用双控,以张拉应力为主,伸长量进行复核。伸长量超出设计伸长值的 ±6% 时,应停止张拉,检查分析原因,并处理后才能继续张拉,张拉顺序是逐孔逐片张拉,先长束,后短束,张拉时用两台千斤顶于每片梁上左右两侧对称张拉。张拉完成后要及时压浆、封锚。最后要把张拉预留槽口的钢筋校正,焊接好,浇筑混凝土补平。

(4)翼缘板施工。横隔板及墩顶现浇混凝土施工完成,拆除中间墩临时支座,在拆掉模板后即可进行翼缘板连接。首先校正翼缘板预埋钢筋,然后吊底模,底模采用竹胶板加工,支模时,用拉杆固定在翼缘板上,施工时要注意固定牢固,以防止漏浆。模板支好后在绑扎其他钢筋,经监理验收合格后再浇筑混凝土。

(5)湿接缝。对梁头及翼板外缘进行凿毛,凿除处理层混凝土表面的水泥砂浆和松弱层,并用水冲洗干净。

湿接缝底板采用竹胶板制成,用槽钢作楞,以加强竹胶板的承载内力,并用螺栓将底板悬吊在顶面槽钢上。模板表面保持光洁,无变形,接缝严密,在底模与侧模之间粘上海绵,模板勒紧,海绵受压缩,防止漏浆。模板之间采用对拉螺栓拉紧,防止浇筑混凝土时胀模。模板内侧涂抹脱模剂。

钢筋预先在钢筋加工场地配料,弯制后运输到现场一次绑扎成型。

钢筋绑扎完成后,进行混凝土的浇筑工作。混凝土浇筑完成,及时收面,待定浆后再抹第二遍并进行压光,用土工布覆盖洒水养护。

撤除临时支座,完成预应力体系转换。

(四)交安工程

1. 交通标志

项目布设警告和禁令两种标志。警告标志包括窄路标志,用以警告车辆驾驶人注意前方车行道或路面狭窄情况,遇有来车应予以减速避让;禁令标志包括减速让行标志与停车让行标志。减速让行标志表示车辆应减速让行，告示车辆驾驶人应慢行或停车，观察干道行车情况，在确保干道车辆优先且安全的前提下，方可进入路口，设置于交叉口次要干道。停车让行标志表示车辆应在停止线前停车瞭望，确认安全后方可通行。

（1）基础开挖应至图纸所示或监理工程师所指定的标高。最终的开挖深度应依设计期间所进行的钻探和土工试验，并结合基础开挖的实际调查资料来确定。在开挖的基坑未经监理工程师批准之前，不得浇筑混凝土。低于批准基底标高的超挖，用混凝土回填或应使用批准的材料压实到规定的标准。开挖基坑后，确认地基承载力达到设计要求方可施工。

（2）混凝土浇筑前按图纸要求绑扎好钢筋，固定预埋件。基础顶面预埋地脚螺栓，外露长度控制在 80～100 mm，并对外露部分加以保护。地脚螺栓先进行热浸镀锌处理。模板安装应当牢固可靠、不漏浆。并征得监理工程师同意后方可进行混凝土浇筑施工，混凝土浇筑施工应全面捣实。在使用插入式振捣器时，应尽可能地避免与钢筋和预埋构件相接触。所有混凝土模板应在混凝土强度达到 80％后方可拆除。混凝土外露面的外形应线形正确、顺畅、光洁、颜色一致。拆模后如表面有粗糙、不平整、蜂窝或不良外观时，应凿到监理工程师同意的深度，并以监理工程师同意的混凝土等级重新填筑和修整表面。混凝土浇筑终凝后，即开始养护，一般采用薄膜养生。

（3）立柱必须在基础混凝土强度达到设计强度的 80％以上时才能安装。标志板与立柱采用抱箍连接。标志板与滑槽采用铝合金铆钉连接，板面铆钉头打磨平滑。立柱顶端采用 3 mm 厚的钢板桩帽焊接封盖。

（4）悬臂、门架式标志吊装横梁时，应使预拱度达到设计文件的要求。一般情况下，横梁中间处的预拱度为 50 mm，悬臂标志的预拱度为 40 mm。

（5）安装中型标志板一般应采用起重机安装，所有标志板面应在地面安装好整体吊装，对门架之类大型标志采用两台起重机配合进行。安装时先对立柱初步固定，对横梁和两立柱之间的间距进行测量、核对以后对横梁用两台起重机整体配合安装，安装好后重新检查板面横梁位置及各螺栓的紧固度。

（6）所有交通标志都应按图纸要求定位和设置。安装的标志与交通流方向应呈 90°；在曲线路段，标志的设置角度应由交通流的行进方向来确定。为了消除路侧标志表面产生的眩光，标志应向后旋转一定角度，避开车前灯光束的直射。门架标志的垂直轴应按设计要求向后倾成一角度。对于路侧标志，标志板内缘距离土路肩边缘不得小于 250 mm。

（7）标志安装之前，项目部应根据标志制造厂商建议的方法，清扫所有标志板。在清扫过程中，不得损坏标志面或产生其他缺陷。

（8）标志板安装到位后，应进行板面平整度和安装角度的调整。

2. 交通标线

标线采用热熔反光涂料，并掺有玻璃珠，其材料及配合比应符合《路面标线涂料》(JT/T 280—2022)的规定。热熔标线厚度为 1.5＋0.3 mm，涂料中应混合总重 18％～25％的玻璃微珠，在喷涂时标线表面还应均布 0.3％～0.34 kg/m³ 的玻璃微珠。

在喷涂标线前先清除道路表面的污物、松散物或其他杂质，如果下过雨，应先用水冲刷路面，冲刷路面空隙内的泥、沙等杂物，道路表面清洗干净，待路面干燥后方可施工。喷涂施工应在白天进行，雨天、尘埃大、风大、温度低于 10 ℃时应暂时停止施工。

(1)放样：等路面摊铺后 5～10 d，根据设计图纸的设计位置进行汽车溜水线放样，确定标线的位置。

根据某公司多年的高速公路热熔标线的施工经验，拟采用汽车溜水线的方式进行放样。首先以中央分隔带的缘石边线为基准线，每 8 m 一点，每 50 m 为一个段落，顺势进行人工弹线，两段连接处要连接顺适，避免出折点，尤其是平曲线段应更要注意。为减小或避免因弹线不准而导致的误差，每 100 m 对半幅路面进行量距，看是否符合，若有出入，则要找出两段最近的准确点进行顺接。在分隔带侧的边线放样完成后，再以此条线为基准，用自行设计的水线放样车进行水线放样。即放样车前方横杆的一端指针指准基准线，另一端安有滴溶液的针孔，指针与另一端针孔的距离调至设计间距，汽车正常前行，自然会放出一条水线于路面之上，这样可大大加快放样的进度，同时减少了人工弹线的导段数，相应的连接点少，放样线更加顺适。

(2)检查机械设备运行状况，调试玻璃珠撒布器(均匀性和撒布量)，直至符合标准为止。

(3)涂料中含 25% 的玻璃微珠。

(4)在使用的热熔涂料之前，将涂料投入热熔釜中少许，一般 5 袋左右，点火加热，待其熔化后，开动搅拌器进行搅拌，同时向热熔釜内投入涂料至允许的数量，每缸约为 300 kg，加热至涂料厂商推荐的温度 170～210 ℃待用，加热温度还要结合路面温度而酌情增减。

(5)根据放样位置喷涂标线：将玻璃珠加入玻璃珠筒内，每次 100 kg 左右。将热熔釜内熔融状态的涂料注入划线车盛料筒内，每次 10 kg，并用稳火保持恒温。在机械设备已处于完好的状态下，待底漆干燥后，按照已标定的标线位置进行涂敷，玻璃珠随同均匀地撒布在涂料表面上，热熔标线涂料涂敷于路面时的温度应不低于 180 ℃。

(6)为避免其他车辆对路面标线的污染、破坏，喷涂标线前要封闭交通，等标线降至常温干硬后再开放交通。

(7)喷涂的标线要均匀、平顺，曲线处圆滑顺适，标线边缘整齐。振荡式热熔标线采用专用的手扶自走式振荡标线划线机施划，用专用的振荡式热熔标线涂料，其施工方法同普通标线施工方法。

(8)彩色防滑标线的防滑的技术指标严格按照施工图设计执行。为了确保减速标线的使用寿命，须采用冷涂型路面防滑涂料为彩色防滑减速标线材料，标线厚度为 5 mm，底涂层(基料层)和防滑集料为黄色，基层附着性为 1 级，面涂层应无色透明，采用水性有机硅封闭底漆对路面施工部位进行封闭增加减速标线附着力。

3. 护栏

路侧护栏为保证行车安全，当护栏同桥梁衔接时，将波形梁板嵌入桥头防撞墙预留槽内，并用螺栓进行锚固；当护栏上游不同桥梁衔接时，护栏上游端部采用外展式端头；当护栏下游不同桥梁衔接时，护栏下游端部采用圆形端头。

(1)立柱放样。根据设计要求及实地情况，放样时以桥梁、通道、涵洞、中央分隔带开口和隧道进出口等作为控制点进行测距定位，保证立柱间距，定出立柱准确位置和标准高度，利用调整段调整立柱间距，用石灰标明具体位置，并使立柱与道路线形一致。

（2）立柱安装。

1）以路面竣工标高为基准，确定立柱标高。护栏立柱应待路侧土路肩填土施工完成后方能打入施工。

2）采用液压式打桩机组平行推进施工法，将立柱对准标记打入（若是挖方路段，先钻孔去除顶面混凝土，再打入立柱），打入时随时观测立柱高度、竖直度的变化，发现问题及时修正，严防偏移、跑位和打入过深，使立柱竖直度偏差控制在±5 mm/m，立柱孔位中心高度偏差控制在±20 mm/m。打入立柱时，注意顶部无塌边、变形、开裂或镀锌层损坏等现象。施工中立柱在纵向和横向都应垂直竖立，间距应准确，使在架设护栏时不需要为对孔或其他任何原因而移动。用经纬仪、水平仪等检测工具对立柱中距、竖直度、高度线形进行调整、检测，对不符合标准的立柱，用拔桩机拔去并将原有孔填满夯实，调整立柱间距后重新打入施工。

3）液压打桩机施工作业时，底部应铺垫帆布或彩条布，以免漏油而污染沥青面层。

4）采用钻孔安装立柱时，安装好钻机使钻头恰处在立柱定位处，垂直钻孔至设计深度，然后放入立柱并控制好标高。

5）采用浇筑混凝土基础安装立柱时，在准确定位后开挖基础至设计深度，安装模板并保证立柱安装在基础中央，浇筑混凝土基础并振捣密实洒水养护。在混凝土浇筑过程中确保立柱的位置、高度、垂直度不变，待混凝土达到85％强度后在基础周围填土并分层夯实。

（3）防阻块安装。立柱准确定位后安装防阻块，安装应符合设计要求，且不得有明显变形、扭转、倾斜。

（4）波形梁的安装。

1）波形梁安装时，通过螺栓相互拼接，并由连接螺栓固定于立柱或横梁上。波形梁拼接方向是安装的关键，施工时保证搭接方向应与行车方向一致。

2）波形梁在安装过程中应不断进行调整，因此，连接螺栓及拼接螺栓不宜过早拧紧，以便在安装过程中利用波形梁的长圆孔及时进行调整，使其形成平顺的线形，避免局部凹凸。

3）安装时波形梁顶面应与道路竖曲线相协调。并检查护栏的线形，当确定线形比较直顺和流畅时，方可最后拧紧螺栓。

4）波形梁调整时梁板及立柱不得现场焊割或钻孔，也不得通过使防阻块明显变形来调整。

4. 轮廓标

轮廓标的施工应在路面施工完成后进行，附着于护栏上的轮廓标，可在护栏安装过程中或在护栏安装完成后进行；轮廓标按设计图量距定位，附着于护栏上的轮廓标按立柱间距定位；附着式轮廓标固定于护栏凹槽内或混凝土护栏上，安装时支架用螺栓和护栏连接。反射器无论在直线段或在曲线上都尽可能与驾驶员视线垂直；安装高度尽量统一，连接牢固。

三、工期保证体系及保证措施

（一）工期保证体系

遵循"统筹规划、科学组织、重点先行、分段展开、均衡生产、有序推进"的指导思想合理安排施工；围绕项目总工期和阶段工期目标，以施工进度管理为核心，以控制工程为重点，高度重视、优先处理对工程影响较大的外在因素，创造工期保证的良好外部环境；为保证工期目标，项目部将调集专业施工管理人员和技术人员，配备先进施工机械设备，投入本工程项目建设中，建立以组织保证、技术保证、资源保证、现场管理保证为保证体系的工期保证体系，严格兑现投标合同承诺的人员及设备，全面保证工期目标的顺利实现，工期保证体系如图 5-12 所示。

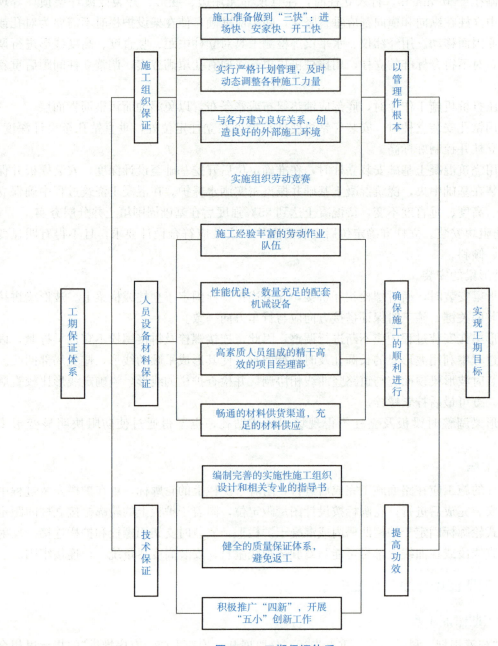

图 5-12　工期保证体系

(二)工期保证措施

1. 工期目标

计划开工日期：2022 年 9 月 1 日，计划竣工日期：2023 年 8 月 15 日。

2. 确保工期的措施

(1)采用新工艺、新设备、提高施工效率。

1)大胆采用新技术，在关键工序采用施工效率高的机械。

2)对影响施工进度的施工技术难题，积极组织攻关。充分吸取各方面的合理化建议和广泛开展小改革的活动，提高施工进度和经济效益。

3)加强技术培训，提高施工人员的操作技术熟练程度，掌握并应用新工艺、新设备、新技术，降低工程成本，提高施工效率。

(2)施工组织不断优化、实行网络管理。

1)精心安排施工组织，强化管理，在深入调查复核，理解设计文件意图的基础上，编制实施性施工组织设计，明确开工日期、最后交工日期，并在实践中不断优化。

2)通过合理的组织与正确的施工方法，使施工作业程序化、标准化。

3)认真做好工程的统筹和网络计划工作，明确关键线路的控制工程，报监理工程师批准。牢牢抓住关键工序的施工管理，控制循环作业时间，提高施工效率。

4)优化施工方案，提高施工进度。

5)根据施工总进度的要求，分别编制年、季、月、旬施工生产计划，争取旬保月、月保季、季保年，步步为营地保证施工总进度。

(3)加强施工管理、实行责任承包制。

1)抽调富有管理经验且年富力强的干部和有施工经验、战斗力强的施工队伍，配备数量充足、结构合理的施工人员和机械设备，并在施工中根据情况予以加强。

2)加强现场施工协调指挥，做到指挥正确、协调得力、效率高、应变能力强。以项目经理和项目总工程师为首的管理体系，决策重大施工问题，确定重大施工方案，分析施工进度。当实际进度落后于施工组织计划要求时，提出加快施工进度的措施。

3)项目部有关人员参与施工前的各项工作，尽快熟悉工程特点、业主要求和投标书内容，及时同当地政府联系、交流以取得当地政府的支持、理解、以提供良好的施工环境。

4)建立健全岗位责任制，严格按设计规范要求施工。

5)深化改革，完善竞争机制和激励机制，工作效率和职工的经济利益挂钩，认真兑现，充分调动全体人员的积极性。

6)成立以项目经理为组长，项目技术负责人和安全协调部部长为副组长的协调小组，提前做好沟通协调工作保障进度计划的顺利实施。

(4)保障后勤和材料供应。

1)材料设备部及安全协调部应经常深入施工现场，了解施工动态与工程需要，及时调整库存数量与采购、供应计划。

2)材料设备部及安全协调部应为施工提供及时、保质、保量、保工期的优质服务。针对施工所需关键设备，制订切实可行的保障方案，并有备用设备，以便不时之需。

（5）重点、难点工程的工期保证。

1）施工过程中利用先进仪器、设备，进行施工质量检测，尽可能杜绝施工质量事故及其隐患，确保工期。

2）对重点、难点工程制订周密的、切实可行的，且选用最优的施工方案，在获取工程师批准的情况下，确保既定工期目标的实现。

四、工程质量管理体系及保证措施

（一）工程质量管理体系

项目经理部建立以项目经理为首的质量管理组织机构，严格执行国家相关质量法律法规，建立健全并落实质量保证体系，以保证和提高工程质量为目标，以强化责任和管理、施工过程控制为手段，将质量管理各阶段、各环节的质量职能严密组织起来，确保质量目标的实现。

1. 质量保证体系机构

质量保证体系机构如图 5-13 所示。

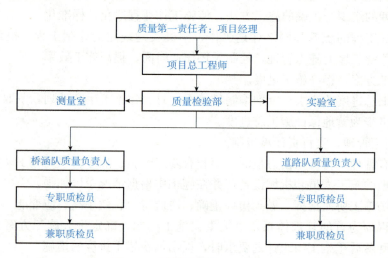

图 5-13　质量保证体系机构框图

2. 工程质量保证体系

工程质量保证体系框图如图 5-14 所示。

3. 质量自检过程体系

质量自检过程体系框图如图 5-15 所示。

（二）工程质量保证措施

建立健全工程质量保证体系，制订质量管理制度，强化工程质量管理措施，完善工程质量目标保障机制。

1. 强化监督检查

（1）项目经理部、生产作业队设专职的质量检查工程师。由坚持原则、不徇私情、秉公办事的质检工程师担任，严把工程质量关。

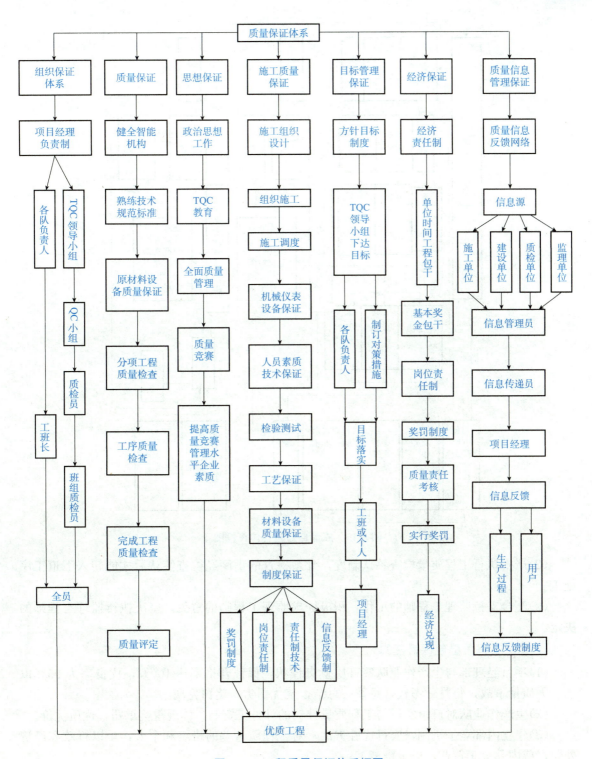

图 5-14 工程质量保证体系框图

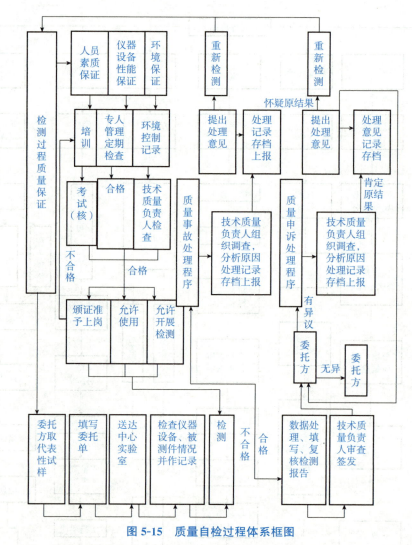

图 5-15　质量自检过程体系框图

（2）严格执行工程质量检查签认制度，凡须检查的工序经检查签认后才能转入下道工序施工。

（3）配合支持监理工程师的工作，积极征求监理工程师的意见，坚决执行监理工程师的决定。

2. 实行工程质量包保责任制

（1）项目经理部与生产作业队签订质量责任状，保证合格率达100%，优良率为95%以上，无质量事故，每月一考核，每季一总结，奖优罚劣，奖罚兑现。

（2）生产作业队对班组实行与工程质量挂钩的计件工资制，体现重奖重罚，优质优价。

（3）建立内部竞争机制，实行优胜劣汰，对工程质量差的班组和个人，予以行政和经济处罚，或内部歇工待业，以示鞭策。

3. 材料、设备质量控制

（1）在采购本标段施工所需的原材料、半成品、各种预埋件等材料前，首先要掌握材料信息并选择供应商，所有分供应商必须经监理工程师批准。本标段采购的材料应在签订的材料采购合同中注明质量条款，明确质量标准，并到生产厂家对采购的材料进行验收。制造商将出具材料、性能检测报告、产品质量证明、出厂证明等证书。对有特殊要求的材料，内容使用市建委颁发的建筑材料证书。

（2）根据项目建设进度编制材料采购计划。在采购前，材料部和质检部会对材料供应商的质量进行评估，并建立合格的材料供应商名单。材料进场后，材料部进行验收，试验室按规定的频率进行抽样检测。验收后进入现场的材料，应按材料的品种、规格、性能和用途分类、堆放整齐，并按材料储存规定妥善保管和保养。在施工过程中，如果对材料质量有疑问或认为有必要，试验室将抽取样品进行检测。

（3）本项目所有施工材料均由项目经理部材料设备部统一管理，材料设备部设置进料台账和收料系统。台账中的物料编号应与堆垛编号（标志编号）一致，并注明出厂合格证编号、复检单编号、合格或不合格记录。试验室抽样复检的检测报告还应注明材料标识号与使用、检验和追溯的材料账号一致。

（4）配备各种设备，满足工程建设的需要。自有设备必须经过大修、测试、检验后方可进场施工。租赁设备进场前，必须经过验收，证明能够满足项目建设需要，方可进场施工。

（5）对施工期间的各类计量器具和试验设备，必须按规定进行计量检定工作，并在使用过程中，随时发现和掌握可能存在的偏差，以保证计量器具的准确性。

4. 工程施工阶段质量控制和保证措施

（1）施工过程中，要做好施工前的计划，优化各分项工程的施工方案，在保证质量、进度、安全的前提下，合理安排各工序的施工。

（2）加强自查、互查和交接查验工作，实行班组自查、工种互查、质检人员专项检查制度。对于所有隐蔽工程（特殊工序），在下一道工序前，质检员配合监理工程师对隐蔽工程（特殊工序）进行验收，并做好相关记录。只有上一道工序验收合格后，才能进行下一道工序。

（3）合理的施工进度也是保证工程质量的必要手段之一。通过网络规划、节点控制、工期中间排序等现代施工管理手段，在业主要求的工期内，将施工进度控制在最合理、最方便的质量控制节奏，确保施工进度。实现高质量、高效率、低成本的目标。

（4）按照工程验收对工程竣工资料和施工管理控制资料的要求，做好各类资料的收集、保存和归档工作。尤其是在各种材料成型过程中，对图纸、表格、记录、原始文件、施工文件、函电等，在内容、签名、格式等方面进行有效管理和控制，确保文件和材料被正确控制。保证工程质量的有效性和可追溯性，保证工程竣工数据的准确性、及时性和完整性。

（5）项目管理部明确划分下属施工队负责的施工现场责任范围，建立与经济利益挂钩的奖惩制度。每周组织质量工作会议（并邀请驻地监理项目参加），由项目总工程师汇报项目质量。并由监理工程师在一周内总结施工单位施工过程中存在的质量问题和需要改进的方面。每月开展一次施工现场质量考核活动，对各施工段的工程质量进行考核，实行奖惩制度。

（6）坚持作业指导制度的实施，按照规范和设计要求，为各施工工序制订详细、可靠、可行、可操作的作业指导书（或技术交底表）。作业指导书应当注明岗位、工艺名称、操作顺序、操作方法、技术规定和质量要求、工艺参数和工艺要求。使用的设备应标明设备型号和规格，使用的材料应标明材料的种类、规格、数量等。

5. 全面科学地组织施工

(1)合理安排施工组织顺序，最大限度地开展平行作业，组织好流水作业，发挥施工队伍的优势。

(2)合理使用施工机械和机具，为保证工程质量创优提供物质条件。

6. 加强施工队伍的管理

在施工中，加强质量监督和技术指导，保证人人准确操作，确保工程质量。

7. 做好施工中的协作配合工作

在业主的领导下，与设计、监理单位真诚合作，接受当地质量监督部门的检查和监督，共同把好质量关。在施工全过程中，教育所有施工人员尊重和服从业主、监理工程师与质量检查人员。

五、安全生产管理体系及保证措施

按工程安全生产标准化管理指南，认真贯彻"安全第一、预防为主、综合治理"的安全生产方针，提高员工安全意识和安全素质，防止安全事故的发生，实现安全文明施工，并根据本项目各分项工程阐述现场安全防护明确注意事项。

(一)安全生产管理体系

安全生产管理体系如图 5-16 所示。

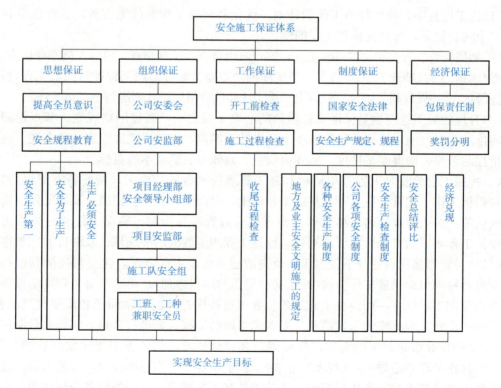

图 5-16　安全生产管理体系

(二)安全生产保证措施

1. 落实安全责任，实施责任管理

建立完善安全生产责任制，项目部成立以项目经理为组长，安全负责人为副组长的安全生产领导小组，组员为相关的业务对口负责人及各施工队队长。

项目部设置安全生产监督管理部门，配专职安全工程师。各施工队相应成立安全生产小组，以队长为组长，副队长为副组长，下辖各业务对口负责人和工班长均为兼职安全员。

按照"党政同责、一岗双责、齐抓共管、失职追责"原则，按照"管业务必须管安全、管生产经营必须管安全、谁主管谁负责"的要求，明确各级部门、各岗位的安全职责，实行"三级管理、层级负责"的安全生产管理体系，按照"纵向到底，横向到边"的原则，建立覆盖全员的安全生产责任体系。各级负责人签订安全生产责任状，哪一级出现了问题，追究哪一级的责任。

(1)建立安全包保制。对重点项目实行干部、班组层层包保制，责任到人，责任到具体施工的每一道工序。

(2)建立安全奖罚制度。项目部与各施工队签订安全风险合同，每月计价扣留 2%安全风险金，每百日无安全事故返还，并按 2‰奖励，否则扣发风险金，并追究有关人员的责任。

2. 安全专项方案编制与报批制度

为加强安全技术管理，规范危险性分部分项工程安全专项施工方案的编制、论证及审批工作，确保安全专项施工方案的实施，根据现行国家有关安全生产的法律法规、部门规章、标准和规范，结合工程实际，确定安全专项方案编制范围、编制要求、评审要求及安全专项方案实施与检查程序。

3. 安全生产技术交底制度

工程技术人员必须坚持"管生产必须管安全"的原则做好分部分项工程施工技术交底和安全交底工作。作业人员必须按照安全技术交底内容要求，落实施工安全标准化作业，以达到"三不伤害"的安全生产目的。安全技术交底内容应针对施工时给作业人员带来的潜在危险因素和存在的问题，包括工作场所的安全防护设施、安全操作规程及安全注意事项。同时，应符合国家及地方有关标准和规范要求，做到通俗易懂，并具有针对性。

4. 安全生产费用管理制度

根据相关要求，本项目工程安全生产费用按合同造价 1.5%的标准提取。项目经理部设立安全生产专项资金账户，由财务部负责管理。安全生产费用应当并只能用于施工安全防护用具及设施的采购和更新、安全施工措施的落实、安全生产条件的改善，不得挪作他用(安全生产以外)。

5. 安全教育培训管理制度

认真贯彻执行"安全第一、预防为主、综合治理"的方针，打好安全基础，使各级明确自己的安全目标，制定各自的安全规划，达到全员参加，全员实施的目的，体现"安全生产、人人有责"的原则。

抓好安全岗位培训。开工前，对所有上岗人员进行安全知识教育，分批培训，每人参加

安全培训不少于两次，每次不少于 4 h，把有关安全操作规程印发给各基层单位，对照检查，对照实施。新工人必须进行入场三级教育和岗位安全教育培训。

特种行业作业人员一律持证上岗。做好每半个月一次安全教育培训，特别是坚持班前喊话安全教育活动。受季节、自然变化影响时，针对由于这种变化而出现生产环境、作业条件的变化进行教育，即做好暑期、冬期、雨期、夜间等施工时的安全教育。

6. 安全检查制度

安全检查主要是查思想、查管理、查制度、查现场、查隐患、查事故处理等。

参加检查的人员为各级安全小组成员及相关业务部门，对现场进行有计划、有目的、有准备、有整改、有总结、有处理地进行检查。

根据各分项工程特点进行检查，如防止机械伤人、防触电、吊装安全、防毒、防塌、防落等。

季节性检查，如防寒、防暑、防洪、防风等。

防火及其他安全生产检查。检查其是否有消防组织，是否有完备的消防工具和设施，水源、道路是否畅通；施工人员进入施工现场是否佩戴安全帽和安全带、安全网及其他防护用品，以及设施的性能是否可靠。

安全检查的形式有定期安全检查、突击安全检查、特殊检查。

7. 人身安全保证措施

做好职业健康安全管理，根据各工种特点，有计划地按时配发劳动保护用品。进入施工现场人员，必须佩戴安全帽，特殊工种按规定要佩戴好防护用品。

8. 机械设备安全保证措施

所有施工设备和机具在使用时均由专职人员负责进行检查、必要的试验和维护保养，确保状况良好。各技术工种经培训并经考核取得合格证，方可持证上岗操作，杜绝违章作业。大型机械的保险、限位装置防护指示器等要齐全可靠。严禁机械设备超负荷使用、带问题运转及在作业运转中进行检修，机械夜间作业时提供良好的照明设备。

9. 施工用电安全保证措施

施工现场临时用电应符合《建筑与市政工程施工现场临时用电安全技术标准》(JGJ/T 46—2024)的规定，尽量与运营期永久用电相结合。施工前应编制临时用电方案和临时用电施工组织设计，制订安全用电技术措施和电气防火措施。严格按有关规定安装线路及设备，用电设备都安装地线，不合格的电气器材严禁使用。库房、油库等设置安装避雷装置。

(1)现场照明：照明电线绝缘保持良好，导线不得随地拖拉或绑扎在脚手架上。照明灯具的金属外壳必须接零。室外照明灯具距离地面不低于 3 m，室内距离地面不低于 2.4 m。

现场临时用电应采用 TN-S 接地、接零保护系统，采用三相五线制(三根火线、一根工作零线、一根保护零线)接地接零；接地采用角钢、圆钢或钢管，其截面不小于 48 mm^2。

(2)用电管理：用电实行"一机一闸一漏一箱"制，不得用一个开关直接控制两台及以上的用电设备；漏电保护器符合现行国家相关标准的规定，并与用电设备相匹配。配电系统需设置室内总配电箱，实行分级配电，总配电箱应设置在靠近电源的地方，分配电箱应设在用电设备或负荷相对集中的地方。所有配电箱、开关箱均编号配锁，标明负责人姓名、联系电话、使用部位等；配电房（室）、变压器等固定电力设备均设安全防护屏障或网栅围栏，高度不低于 2.5 m，并设置明显的禁止、警告标志。安装、维修或拆除临时用电工程，由电工完成。电工持证上岗，实行定期检查制度，做好检查记录。

10. 防火安全保证措施

建立项目经理部、施工队、班组三级防火责任制，明确职责。

重点设施，如仓库等配置相应的消防器材；一般部位，如宿舍、食堂等处配置常规消防器材。施工现场加强用电管理，防止发生电器火灾。焊、割作业点与氧气瓶、乙炔气瓶等危险品的距离不少于 10 m，与易燃易爆品的距离不少于 30 m。

11. 安全生产内业工作

安全生产"七图二牌"必须上墙。

七图：施工总平面图；安全网络图；电线路平面布置图；管线分布图；临时排水走向图；消防器材布置图；工程进度形象图。

二牌：无重大伤亡事故累计天数牌；百日无事故累计天数牌。现场布置安全生产标语和警示牌，做到无违章现象发生。

12. 积极开展安全管理活动

把"行为安全之星""平安班组"安全活动贯穿项目施工的全过程，以正能量引导激励全员安全生产管理行为，提高全员安全意识，从而达到项目本质安全的目标。

六、环境保护、水土保持保证体系及保证措施

（一）环境保护、水土保持保证体系

环境保护、水土保持保证体系如图 5-17 所示。

（二）环境保护、水土保持保证措施

1. 周围环境保护措施

切实贯彻环保法规：严格执行国家及地方政府颁布的有关环境保护，水土保持的法规、方针、政策和法令。

重视环保工作，编制实施性施工组织设计时不能缺少环保工作内容，加强环保意识、保持工地清洁、控制扬尘、杜绝漏洒材料。尽量做到施工场地砂石化或保持经常洒水，使施工场地旁的农田作物绿叶无扬尘污染。

（1）加强环保教育。宣传有关环保的政策与知识，使保护环境成为参建职工的自觉行为。

（2）强化环保管理。定期进行环保检查，及时处理违章事宜。并与地方政府环保部门建立工作联系，接受社会及有关部门的监督。

加强施工生产的环境保护工作，针对地区特点，有针对性地采取措施，最大限度地减少施工环境的破坏。

采取有效措施，消除施工污染。防止弃料污染路面及自然景观。及时收集清理并搞好现场卫生，以保护自然环境与景观不受破坏。保护大气环境：设备选型时选择低污染设备。

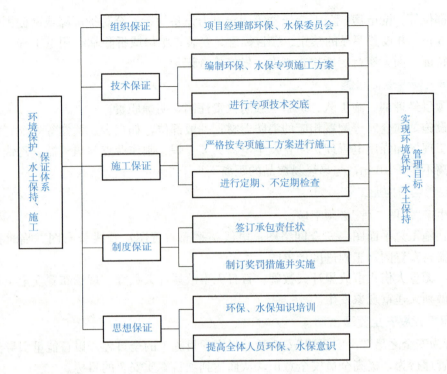

图 5-17 环境保护、水土保持保证体系

2. 施工期间环保措施

本项目清原段位于浑河源省级自然保护区试验区，同时位于大伙房饮用水水源保护区大伙房水库准保护区内；新宾段位于大伙房饮用水水源保护区桓仁水库准保护区内。因此，施工期间加强废气、废水、噪声、固体废弃物环保措施尤为重要。

（1）废气：运输材料的车辆应加盖毡布，避免抛撒；施工营地设置围挡；配备专用洒水车，对施工场地定期洒水；使用商品混凝土，禁止建设拌合站。

（2）废水：隧道施工区域设置 2 个施工废水沉淀池，每个容积 10 m³；预制场设置 1 个沉淀池，容积 5 m³；大桥施工区域设置 1 个沉淀池，容积 10 m³；小桥施工区域设置 1 个沉淀池，容积 5 m³，施工废水经沉淀后用于洒水抑尘；桥梁施工时，严禁将施工废水及生活垃圾等弃置水体中；在河流的外堤脚内不准给施工机械加油或存放油品储罐，不准在河流主流区内和漫滩区内清洗施工机械；桥梁基础施工挖出的泥渣不得弃入河道或河滩；施工沿线设置 2 个移动式环保厕所，粪便定期收集，外运处理；施工营地应设置 1 个防渗化粪池，粪便用于农田施肥。

（3）噪声：施工路段设置标准围挡，加强施工管理，选用效率高、噪声低的机械设备和工艺；合理配置施工时间，临近六道村路段禁止夜间施工。

（4）固体废弃物：本工程弃方外运至辽宁清原旅游发展公司聚隆滑雪场项目场址，用于场地平整，综合利用。废沥青混凝土经破碎后用于道路回填；剥离的表土将分堆集中堆置，采用袋装土拦挡、苫布覆盖进行防护，施工结束后将用于绿化区域回填；桥梁砖渣经沉淀固化后用于回填；焊渣外售给废品回收单位；生活垃圾经收集后交由环卫部门处理。

3. 水土保持措施

施工中产生的污水和废水，应集中处理，经检验符合《污水综合排放标准》(GB 8978—1996)的规定，才能排放到河流或沟溪中。不得将含有污染物质或可见悬浮物质的水排入河流、水道或灌溉系统中。排水不得增加河流或水道中的悬浮物，或造成河道冲刷、水质污染。

施工机械、车辆清洗水经集水池沉淀处理后再向外排放；生产、修理产生的废油均再集中收集，将油污、油渣等固体污染物集中掩埋，避免污染地下水、河水、溪水等。

在施工过程中，设置截排水沟并完善排水系统，防止水土流失，防止破坏植被和其他环境资源；进行临时道路施工时，防止边坡失稳、滑坡、坍塌或水土流失；禁止任意倾倒弃渣阻碍河、沟等水道，避免降低水道的行洪能力或污染水道。

保护农田排灌系统。当路线经过农田排灌区域时，施工时采取必要的临时措施以保证不影响或中断农田的排灌作业。修建的临时设施应保证施工不影响当地农田的高峰排灌作业。

应按有关规定和工程的实际情况制订严格的防火与消防措施。

七、文明施工、文物保护施工管理体系及保证措施

(一)文明施工、文物保护施工管理体系

文明施工、文物保护施工管理体系如图 5-18 所示。

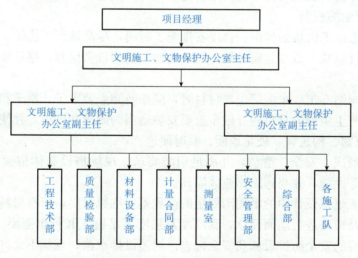

图 5-18　文明施工、文物保护施工管理体系

(二)文明施工、文物保护保证措施

(1)现场工程标牌。现场设置工程标牌(四牌两图)，即施工总平面图、工程概况图、文明施工管理牌、组织网络牌、安全纪律牌、防火须知牌。各类公告牌、标志牌内容齐全，式样规范，位置醒目。

1)项目经理部周边设置连续、密闭的围挡。围挡材质选用装配式预制板材，绘制标准

"文明施工"标志及宣传口号，间隔出现施工单位和建设项目的标志及名称，字体图案简洁、明快。

2）每个施工队驻地设置标明工程名称、工程范围、建设单位、现场负责人、设计单位、设计代表、质量监督单位、监理单位、总监理工程师、标段监理负责人、旁站监理、施工企业名称、项目经理、总工程师（或技术负责人）、自检人员、现场技术人员等内容的公告牌。

3）每个工地设置标明施工工点名称、施工负责人、旁站监理、技术人员、试验员等内容的公告牌。

4）与地方道路交叉地段设置施工公告牌、指路标志、减速标志、危险标志、安全标志。

（2）施工周围环境保护措施。

1）本工程沿线分布居住商品房、农宅和厂房，建筑密度较高，经过地区基本上以绿化为主。将按照政府颁布的有关环保法规条例，强化施工过程中对周边环境包括建筑、绿化等的保护措施。

2）施工单位为运送建筑材料、土石和建筑垃圾的车辆必须保持车况良好，车容整洁，不得沿途抛洒滴漏，污染沥青路面。若有造成污染的，及时派专人清扫。

3）施工区域与外界采用隔离措施，路基段声屏障施工基坑弃方、桥梁段声屏障基础施工混凝土残渣和生活垃圾不堆放在施工区域以外。工地外运土方必须办理必要的外运手续，土方不宜装得太满。建筑垃圾定点堆放，办好相关手续后委托外运。

4）在施工现场应明确划分用火作业区、易燃可燃材料堆场、易燃废品集中站。

5）对于现场环境、安全和健康的实际情况有关的区域进行定期地监控和审查。

（3）噪声和粉尘的控制。

1）施工要注意施工机具的噪声，合理安排施工时间，尽量做到不扰民。

2）合理安排材料及土石方运输时间，加强运输车辆的日常保养，尽量减少运输车辆产生的噪声。

3）当运输、倾倒弃土、水泥等尘埃材料时，应在装卸点装帘子、罩子和排气过滤系统。

4）运输可能产生尘埃的材料的开敞车上要安装适当的侧板和尾板，并使用油布盖住。

（4）临时建筑物、构筑物、硬化地面、临时便道。

1）临时房屋稳固、安全、清洁，并满足消防要求。现场搭设集体宿舍，具备良好的防潮、通风、采光等性能，并与施工作业区隔离。

2）严格按施工组织设计中的平面图划定的位置遵守堆原材料，所有材料堆放整齐。

3）现场场地及道路进行地面硬化，其厚度及强度满足施工和行车需要。现场道路平坦、通畅，并设置相应的安全防护设施和安全标志。周边设排水沟，现场不允许有积水。

4）现场材料分隔堆放，防止各种材料相互混淆。水泥、外加剂设置库房，钢材、木材等建筑材料设置雨篷。

（5）现场卫生。

1）办公室干净、卫生、整齐。职工宿舍做到通风、明亮、保暖、隔热，地面用砂浆抹面，摆放整齐。

2）职工食堂干净、卫生、锅台、锅灶用瓷砖贴面，符合卫生防疫标准。食堂工作人员有健康合格证，穿戴工作服、帽，食堂容器上有生熟标志，餐具经过严格消毒，并设置防蚊、防鼠措施，职工饮水桶加盖加锁。

3）厕所有专人管理，并有水源供冲洗，同时设简易化粪池或集粪池，加盖并定期喷药，每日专人负责清洁。

4）设置足够的垃圾池和垃圾桶，定期搞好环境卫生，清理垃圾。建筑垃圾必须集中堆放并及时清运，做到工完场清。

5）配置保健医药箱，建立急救措施并配置急救器材，急救人员必须经过培训方能上岗，经常开展卫生防病宣传教育。

（6）社会治安综合治理。

1）建立综合治理领导小组，下设治安、保卫、消防部门，做到分工明确，齐抓共管。

2）建立来访登记制度，不准留宿闲杂人员。

3）经常对工人进行施工安全、法纪和文明教育，严禁在施工现场进行各类非法活动。

4）施工现场的管理人员，作业人员必须佩戴工作卡。

5）加强地区联防，每季度召开一次有地区公安、地方政府有关部门参加的协调会。

（7）建设工地具有良好的文明氛围。

1）对职工进行文明教育，全面提高职工素质，增强文明意识。

2）树立浓厚的学技术、学文化气氛，增强遵纪守法观念，自觉维护施工现场的社区治安，杜绝打架斗殴、酗酒、赌博等不文明行为。

3）处理好与周围单位和居民的关系，尊重当地人的风俗习惯，不损害老百姓的一草一木。

4）各项施工安全管理制度齐全，管理机构健全，人员到位，责任到人，施工操作人员熟悉规范规程和设计要求，不违章施工、野蛮施工。

5）各级管理人员、安全员、质量员、试验员等管理人员和特殊作业工程操作工人佩戴胸牌并持证上岗。胸牌贴有本人照片并标明单位、岗位职务、姓名、编号。

6）施工机具安全可靠，运转正常，安全防护设施符合规范标准要求，现场施工安全达标创优。按期对施工机具进行保养、擦拭，对安全防护设施进行检查。

7）施工内业资料严格按贯标要求整理，办公室内按要求布置各类图表，及时反映施工进度和状况。

8）设立监督电话，接受社会监督。

（8）文物保护及地下管线保护措施。

1）施工前走访当地文物主管部门，了解当地的分布情况，对重点分布段进行单独调查。

2）开展学习和教育，开工前对职工进行文物保护知识宣传教育。贯彻执行《文物保护法》。在施工中发现文物或有考古、地质研究价值的物品时，应立即停工封闭现场，并在派专人保护现场的同时，迅速通知建设单位和当地文物部门。经过文物部门处理后，再进行施工，确保祖国文化遗产不受侵害。

3）施工前，对施工区域及其周围的地下管线进行调查，会同其产权、维护单位共同确认管线路径、走向，并划定需要施工防护的范围。需要拆迁的地下管线及建筑物，及时与产权单位签订拆迁协议，并尽早拆迁。需保留的地下管线，与产权单位商定加固防护方案，制订切实可行的措施，经审定批准后实施。

4)开挖施工前，在已查明的地下管线路径上设立标志或撒灰线，并向施工人员技术交底。地下管线路径两侧各 2 m 内不用机械开挖。人工作业时，禁止使用铁镐和齿类尖耙，做到逐层轻插浅挖，同时须有产权单位或维护单位人员到现场监护。一旦发生损坏，及时组织抢修。

5)对施工区域及其周围的建筑物、地面管线进行调查，会同其产权、维护单位共同划定需要施工防护的范围。需要拆迁的建筑物，在受到建设单位委托的前提下，及时与产权单位签订拆迁协议，并尽早拆迁。需保留与产权单位商定加固防护方案，采取切实可行的措施，保证施工中正常使用及以后的使用维修。

八、项目风险预测识别与防范及事故应急预案

(一)项目风险预测识别与防范

1. 风险预测

(1)地质地基条件。设计图纸与实际出入很大，处理异常地质情况或遇到其他障碍物会增加工作量和延长工期。

(2)因管理不善而导致现场内外交通事故、用电安全事故、机械事故及火灾事故等。

(3)水文气象条件。水文气象条件主要表现在异常天气的出现，如台风、暴风雨、雪、洪水、泥石流、塌方等不可抗力的自然现象和其他影响施工的自然条件，都会造成工期的拖延和财产的损失。

(4)设计变更或图纸供应不及时。设计变更会影响施工安排，从而带来一系列问题；设计图纸供应不及时，会导致施工进度延误，造成工期推延和经济损失。

(5)市场价格变化。市场价格变化包括劳动力市场、材料市场、设备市场等，这些市场价格的变化，特别是价格的上涨，直接影响着工程承包价格。

(6)金融市场因素。金融市场因素包括存贷款利率变动、货币贬值等，也影响着工程项目的经济效益。

2. 风险防范

(1)熟悉和掌握工程施工阶段的有关法律法规。增强法律意识，依法控制工程风险。

(2)掌握市场价格动态。市场价格变动是经常遇到的风险，在招标报价时，必须及时掌握市场价格，使报价准确合理，减少风险的潜在因素。

(3)施工中，加强履约管理，按要求控制施工进度。

(4)对于突发事件，应制订事故应急预案，以最快速度遏制事故的扩大，使损失降低到最低程度。

(5)推行保险制度。坚决按业主要求，对建筑工程中一切险种、第三方责任险、人身伤亡险和施工机械设备险等进行投保，保障工程顺利进行。

3. 事故应急组织机制

项目部成立事故应急救援领导小组，由项目部及各部门负责人组成。发生安全或环境事故时，以领导小组为基础，成立事故应急救援项目部，项目经理任总指挥，项目生产安全事故应急救援小组组织指挥，并负责应急救援处理工作，办公室下设项目安监部。应急救援小

组组成、职责、分工如下：

(1)应急救援抢险行动组。职责：负责按应急预案为开展现场救援工作提供技术保障，编制现场处置方案，联络救援咨询所需专家及开展现场抢救工作。

(2)应急救援伤员救护组。职责：负责现场简单的医疗救护指挥、现场人员的现场抢救、处理和护送医院工作；负责对受伤人员及家属进行慰问和安抚，了解伤员救护情况等工作。

(3)应急救援警戒保卫组。职责：负责事故现场警戒、治安保卫、人员疏散、现场交通疏导等工作。

(4)应急救援后勤保障组。职责：负责事故应急响应过程中项目通信线路、车辆安排、通信方式畅通；反映应急救援的情况；对外的联络；后勤保障工作等。

(5)应急救援物资设备组。职责：负责按应急预案为开展现场救援工作提供物资保障。

(6)应急救援事故调查组。职责：负责事故发生原因的调查与分析处理，坚持"四不放过"原则。

(二)项目风险事故应急预案

1. 应急保障

(1)人员保障。站突发紧急事件处置领导小组的各位成员，明确责任，各司其职，各负其责。站各职能部门和后勤工作人员是处理突发紧急事件工作体系的主要力量，发生突发紧急事件部门的人员应积极参与处置。

(2)物资保障。根据本站各工作区域和功能的不同，在重要场所配备必要的应急物资，在发生突发事件后，突发紧急事件处置领导小组有权调用已有的、可用于处理突发事件的任何物资。

2. 突发紧急事件的报告与信息发布

(1)站突发紧急事件处置领导小组负责有关突发事件信息的审核，并由组长负责上报有关部门。

(2)突发事件信息的对外发布，需经站突发紧急事件处置领导小组批准，并请示上级后统一发布。

3. 突发紧急事件的应急处理程序

(1)触电事故急救预案。发生触电事故后现场急救对抢救触电者是非常重要的，因为人员触电后不一定立即死亡，而往往是假死状态，应及时抢救。方法得当，假死状态就可以获救。因此，触电急救应分秒必争，不得等待医务人员。为了做到及时抢救，平时就要对职工进行触电急救常识教育，对有关人员进行必要的触电急救训练。

1)发现有关人员触电时，首先应尽快切断电源，使触电者脱离电源，来不及切断电源可用绝缘物挑开电源；同时应根据具体情况迅速对症救治，并向医务部门呼救或报120急救中心。

2)如触电者的伤害情况严重，应进行现场抢救，采取口对口人工呼吸。如有呼吸，但心脏停止跳动，则应采用人工胸部挤压法抢救。

3)触电急救应尽可能就地进行，只有在条件不允许时，才可把触电者抬到可靠的地方进行救治。在送往医院途中，仍应进行抢救工作，在此过程中不要轻易打强心针。

(2)机械伤害事故急救预案。

1)发现险情后，立即关闭运转机械，调用救援设备投入救援，保护现场，向上级汇报。

2)立即对伤者进行消毒、包扎、止血、止痛、固定等临时措施，防止伤情恶化。同时，联系车辆接送伤员。

（3）火灾事故急救预案。

1）基本应急原则。一旦发生火灾，应利用现有消防设备进行扑救，做到不失时机地扑灭初期火灾，避免发生重大的人身伤亡或经济损失。

2）灭火应急措施。

①报警。一旦发现火情，发现人应在第一时间向站办公室报告。站负责人应立即前往现场，查看是否为火灾。确认为火灾事故后，根据火势大小向119火警电话报警，并组织义务消防员到火灾现场进行灭火救人工作，及时组织人员疏散。报警时，务必通报实验站的详细地址、起火原因及着火范围。并安排人员迎候消防队以指明火场的准确位置。

②灭火。在确定火场情况后，关闭相应防火分区的防火门，并立即组织力量根据需要使用灭火器、消火栓等设施进行灭火。使用消火栓：打开邻近的消火栓箱，铺设水带，开启消火栓喷射水流。喷射水流时应对准燃烧物体，并把水流喷射到火焰根部。在看不见火焰的情况下，不要盲目射水，要根据火场燃烧情况，及时变换射流。使用灭火器：在使用时，应首先拔出保险插销，然后下压手把，站在上风口对准燃烧物体火焰的根部平行喷射。当电器设备着火并引燃附近可燃物时，在一般情况下应立即切断电源，尽快扑救。

③救人。积极抢救受火灾威胁的人员，是灭火工作的首要任务。当有人员受到火势威胁时，应根据救人任务的大小和现有的灭火力量，首先组织参战人员救人，同时部署一定力量扑救火灾。在力量不足的情况下，应将主要力量投入救人工作。对疏散抢救出来的人员要清点核对人数，切实弄清楚被困的人员是否全部救出。对受伤人员除在现场急救外，还应及时送往医院进行救治。在对被困人员进行施救时，应随身携带必要的器材、工具，如安全绳、手电筒等。

④疏散与保护物资。对受火灾威胁的各种物资，是进行疏散还是就地保护，要根据火场的具体情况决定，其目标是尽量避免或减少财产的损失。一般情况下，应当先疏散和保护贵重的、有爆炸和有毒害危险的及处于下风方向的物资。疏散出来的物资不得堵塞通路，应放置在免受烟、火、水等威胁的安全地点，并派人保护，防止丢失和损坏。

⑤安全警戒。为保证扑救火灾疏散与抢救人员的工作有秩序地顺利进行，必须对大楼内外采取安全警卫措施。

⑥后勤保障。后勤保障的内容：一是保证水源供应不间断；二是保证灭火器材和运输车辆；三是积极协作灭火人员，提供支援项目、保障器材的供应。

（4）高处坠落急救预案。

1）最先发现现场高处坠落事故的从业人员应立即将现场情况报告现场管理人员，并停止现场的生产活动，保护好事故现场并按规定上报有关主管部门请求救援。

2）项目负责人接到高处坠落事故情况后，奔赴出事地点迅速组织抢救伤者，抢救的重点放在对休克、骨折和出血方便进行处理。临时处理后立即送医院救护。发生高处坠落事故，应马上组织抢救伤者，首先观察伤者的受伤情况、部位、伤害性质。

3）相关负责人拨打120急救电话，并将工程所在位置、工程名称、事故种类、伤害情况等通知医务人员前来救护。如遇特殊情况拨打119通知消防队员前来协助抢救伤员。

4)现场指挥人员在组织救援的同时，派人保护现场，防止事态扩大，为今后的事故调查提供真实依据。在现场周围设置警戒范围，劝阻无关人员离开现场。防止其他相关事件的发生。

（5）发生停电事故的急救预案。

1)发生停电时，办公室应立即组织人员检查供电系统。若属供电部门责任，立即与供电部门联系；若属本所供电系统故障，应立即进行抢修。

2)恢复正常供电后，办公室应组织有关人员检查各相关设备，确保各系统恢复正常运行状态。

九、其他应说明的事项

(一)廉政建设措施

（1）开工前认真做好所施工管理人员的廉政建设教育活动，及时传达上级有关文件精神，以典型事例来教育大家，使大家能够从中吸取教训并引以为戒。

（2）设置廉政建设监督信箱，接受群众监督。

（3）加强宣传教育力度，不隐瞒、不包庇，杜绝不能廉洁自律的行为。

（4）不得以任何理由，任何方式向上级主管单位或向业主、监理单位行贿。与业主及监理单位建立平等、团结、互助的友好关系。

（5）树立"搞工程也要搞政治"的观念，依靠党、团员和工会骨干力量进行强有力的、深入细致的思想工作，使每个工程管理人员都能做到对自己负责、对单位负责和对业主负责。

（6）经常组织项目部有关人员进行有计划、有步骤地开展思想政治工作，并在施工过程中经常检查，做好记录，发扬成绩，不断进取。

（7）不断加强职工的政治思想、职业道德教育，在施工现场建立廉政建设宣传栏和树立标语、标牌。根据当前形势，做好宣传活动，为工程建设赢得一个良好的政治环境。

(二)农民工工资支付保障措施

严格遵守国家有关法律法规及劳动与社会保障部、建设部有关农民工工资支付的有关规定。

严格执行劳动合同制度，按照《中华人民共和国劳动法》和《中华人民共和国劳动合同法》的有关规定与每名农民工签订劳动合同，并及时报甲方及当地劳动和社会保障行政部门备案。在合同履行期内，所有工程合同范围内的农民工用工活动，坚持公正、公平、诚信、透明的原则，不得损害农民工利益，实行与本单位职工同工同酬的办法，并依法将农民工纳入工伤保险范围。建立农民工工资支付和工资保证金制度。

建立农民工工资支付和工资保证金制度。严格规范工资支付行为，对于农民工工资发放，业主每支付项目经理部一笔计量款，项目部将按一定比例计量款支付给农民工用于工资开支。并成立农民工权益保护领导小组，项目经理任组长，定期监督检查并落实各施工队农民工工资的发放，从根本上解决拖欠、克扣农民工工资问题，确保农民工工资按时足额发放给本人。工资的发放直接给本人，严禁发放给"包工头"或其他不具备用工主体资格的组织和个人，做到工资发放月清月结或按劳动合同约定执行。支付给农民工的工资编制工资支付表，如实记录支付单位、支付时间、支付对象、支付数额等工资支付情况，并定期如实向甲方及当地劳动和社会保障行政部门报送本单位工资支付情况。

1. 保障体系

农民工工资按期支付保障体系如图 5-19 所示。

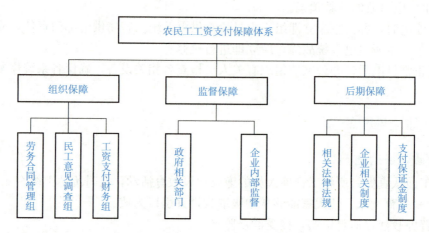

图 5-19 农民工工资按期支付保障体系

2. 保障措施

(1)成立支付保障领导小组。成立以项目经理为组长,副经理为副组长,其他相关部门为主要成员的保障小组。主要领导亲自督办,明确责任,落实任务,通力合作,进行全面部署和安排,确保支付保障工作的顺利开展。

(2)建立劳务工资保障金制度及合同管理。按工程合同造价或中标价的一定比例缴纳劳务工资支付保障金。设立劳务工资保障金专户,实行专款专用,任何辖属单位和个人不能挪用,保证按时足额支付劳务工资。在招用农民工时,按照《中华人民共和国劳动法》等各项法规要求,依法与农民工签订劳动合同。并实行农民工考勤和工资报表等制度。

(3)完善资金使用及财务管理制度。建立健全各项支付保障资金的计划、审批、拨付及报销制度,从内部制度上加强工程款管理,切实做到专款专用,保障各款项的支付。

(4)设立劳务工资账户。为每位农民工在银行设立农民工工资保证金专户,专门用于支付农民工工资,减少中间环节,确保农民工工资直接发到其手中,保障农民工工资的安全。

(5)完善各项保障机制。依法疏通处理渠道,建立健全解决拖欠农民工工资的工作机制,切实做到专人负责、处理及时、客观公正、不得相互推诿。如确因资金周转、工程验收和结算等方面的问题造成支付保障工作运作的困难,要耐心、细致地做好政策宣传解释工作,并对重点问题如农民工工资问题、材料采购问题,实行重点突破,尽快解决,避免引发不安定因素。

(6)其他保障措施。成立民工意见调查组,在工人生活区内开设意见箱,工人对工资发放有意见时,可直接通过该绿色通道向上级反映。

监督项目经理部认真落实开展“法律大讲堂”。通过这种定期邀请相关工程建设领域法律法规专家、律师向参建农民工授课的方式,加强农民工的法律保护意识。让他们知道一旦合法权益受到侵害,该依法采取什么方式维权。

(三)劳务分包支付保障措施

为保证劳务分包的合理、规范，维护劳务分包单位的利益，按照建设部有关文件规定，与劳务分包单位签订劳务分包合同，明确支付保证如下：

(1)明确劳务分包工程造价及取费标准。

(2)明确工程价款的拨付及结算方式。

(3)按照合同约定，按时足额向劳务分包单位支付工程款(为保证劳务人员每月生活费，劳务报酬应按月支付)。

(4)对劳务报酬的最终支付作具体规定：全部工作完成，经公司认可后14 d内，劳务分包单位向公司递交完整的结算资料，双方按照劳务分包合同约定的结算方式，进行劳务报酬的最终支付。

(四)材料采购支付保障措施

确保材料购买的资金并按时向材料供应商支付材料款，材料采购支付保证措施如下：

(1)确定材料价格及取费标准。

(2)明确材料款的拨付及结算方式。

(3)按照供货协议约定，按时足额向供应商支付材料款。

(4)明确违约责任。

(5)对材料供应的最终支付作具体规定。

(五)设备租赁支付保障措施

(1)市场调查，选择信誉良好的设备租赁公司，进行质量、价格对比。

(2)制订租赁方案，报监管部门备案复核。

(3)签订设备租赁合同，保证双方利益。

(4)机械设备管理人员应建立健全设备运行技术档案，认真做好设备运行的月报工作。填制"机械租赁中心工作日志"并及时向财务部上报有关资料和数据。

(5)财务部做好工作日志等结算凭证的收集与汇总工作，根据合同及时结算。

(六)项目部党建工作

(1)提高项目部党建工作的认识，加强项目部党组织建设。一是要让广大党员干部职工充分认识党支部在党的建设中的重要地位；二是要充分认识到加强党支部建设在工程建设中的重要作用。

(2)服从项目建设实际，优化项目党组织配置。项目党支部是项目党建工作的重心和基础。设立项目党组织要坚持从项目实际出发，健全党的组织、丰富教育内容、拓宽工作领域、强化凝聚和激励功能，使项目党组织真正成为生产一线团结带领广大员工奋力拼搏、攻难克艰，优质、高效地完成各项建设任务的坚强战斗壁垒。

(3)面对项目建设新体制，完善项目党建工作制度。项目部作为开拓市场的前沿阵地，生产一线的指挥中枢，安全质量的第一道防线，企业经济效益的源头，实践科学发展观的主要阵地，展示企业形象的主要窗口，必须树立"围绕项目抓党建，抓好党建促项目"的指导思想，形成以项目为依托，以活动为载体，以创新为动力，以领导班子坚强、党员队伍过硬、模范作用突出、保障监督有力为目标，以保工期、创优质、铸精品、树信誉为检验标准的项目党建工作格局。

(4)围绕项目建设的中心任务，创新项目党建活动载体。创新是时代发展的要求，是社会前进的动力，也是党建和思想政治工作必须不断思考和努力探索的课题。

施工总体计划如图 5-20 所示，分项工程进度率计划如图 5-21 所示，工程管理曲线如图 5-22 所示，分项工程生产率和施工周期表见表 5-13。

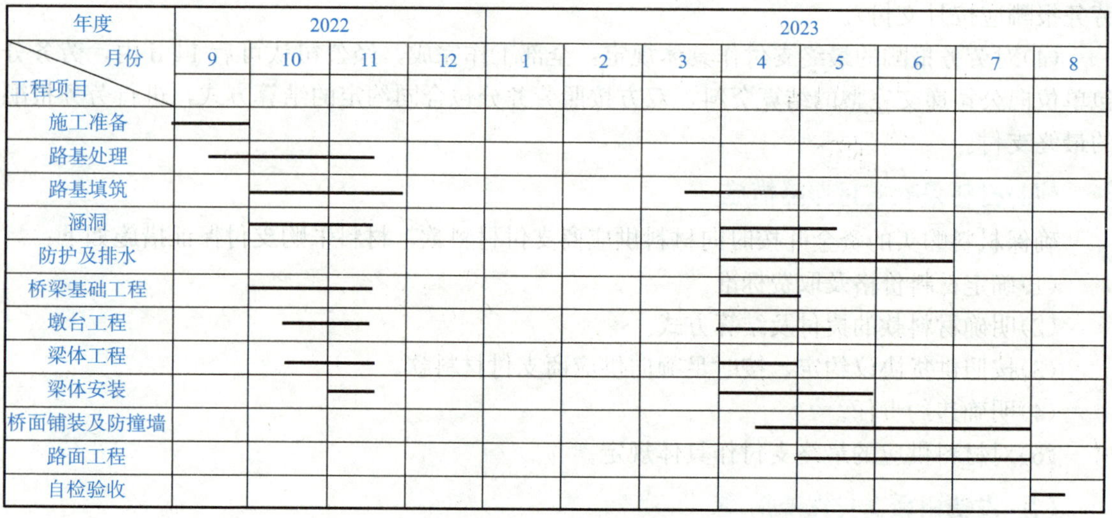

图 5-20　施工总体计划

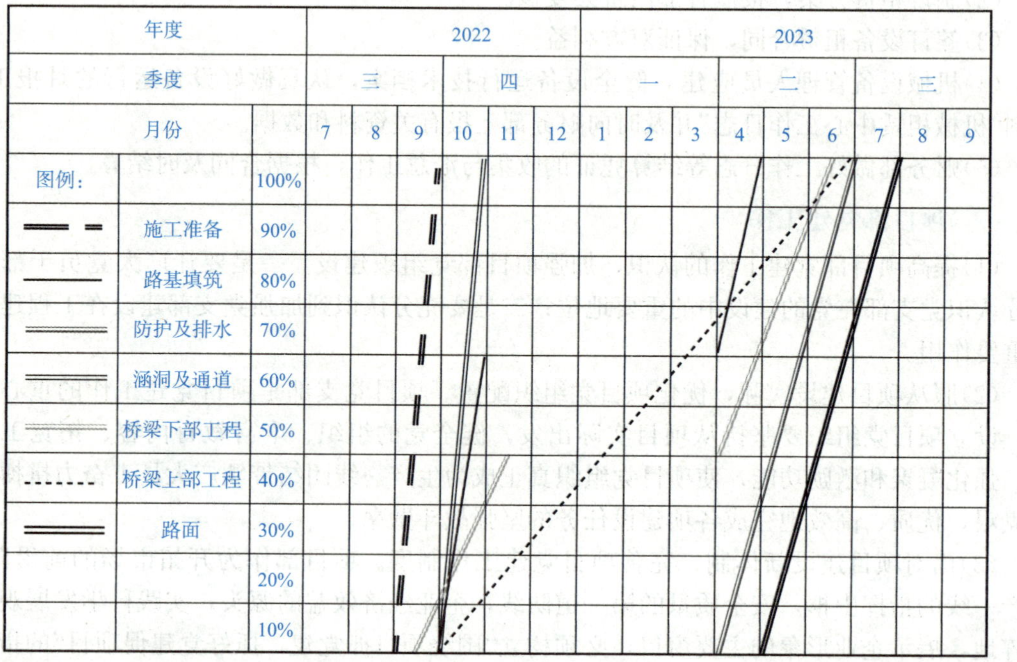

图 5-21　分项工程进度率计划

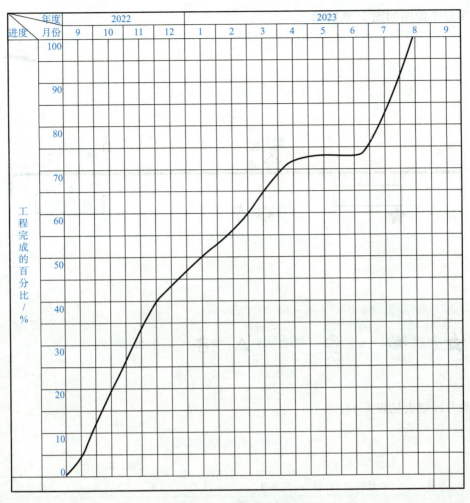

图 5-22 工程管理曲线

表 5-13 分项工程生产率和施工周期表

序号	工程项目	单位	数量	平均每生产单位规模（__人，各种机械__台）	平均每单位生产率（数量，每周）	每生产单位平均施工时间（周）	生产单位总数/个
1	特殊路基处理	km	0.4	45 人，各种机械 15 台	0.04	1	1
2	路基填筑	m³	19.47	95 人，各种机械 19 台	1.298	15	1
3	路基防护及排水	km	0.18	45 人，各种机械 15 台	0.014	13	1
4	桥梁基桩	根	36	55 人，各种机械 25 台	2.625	14	1
5	墩台工程	座	12	45 人，各种机械 23 台	2.143	6	1
6	梁体工程	片	64	50 人，各种机械 28 台	5.971	11	1
7	路面工程	m²	44 100	95 人，各种机械 21 台	3 392	13	1

施工总平面图如图 5-23 所示。

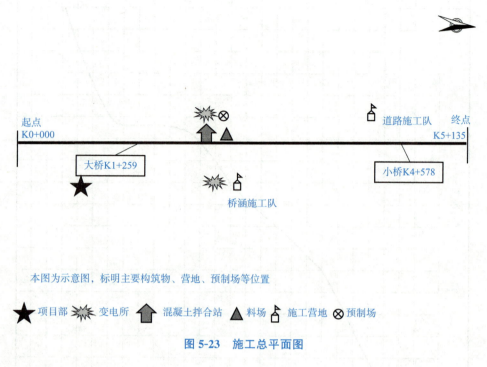

本图为示意图，标明主要构筑物、营地、预制场等位置

★ 项目部　✹ 变电所　⬆ 混凝土拌合站　▲ 料场　⚑ 施工营地　⊗ 预制场

图 5-23　施工总平面图

劳动力计划表见表 5-14。

表 5-14　劳动力计划表

高峰人数	2022 年			2023 年					
	9 月	10 月	11 月	3 月	4 月	5 月	6 月	7 月	8 月
335	45	240	240	95	335	205	160	120	30

临时占地计划表见表 5-15。

表 5-15　临时占地计划表

用途	面积/m²			需用时间 ＿＿年＿＿月至 ＿＿年＿＿月	用地位置		
	水田	旱地	荒地		桩号	左侧/m	右侧/m
一、临时工程							
1. 便道		2 000		2022 年 9 月 至 2023 年 9 月	K0＋000～ K5＋135		
二、生产及生活临时设施							
1. 临时住房		2 600		2022 年 9 月至 2023 年 9 月	K0＋000～ K5＋135		

续表

用途	面积/m²			需用时间 ____年____月至 ____年____月	用地位置		
	水田	旱地	荒地		桩号	左侧/m	右侧/m
2. 办公等公用房屋		4 500		2022 年 9 月至 2023 年 9 月	K0+600		50
3. 料库		4 000		2022 年 9 月 至 2023 年 8 月	K1+450	50	
4. 拌合厂、预制场		6 000		2022 年 9 月 至 2023 年 8 月	K1+450	50	
租用面积合计		19 100					

本施工段采用发动机发电，不采用外供电力。

参考文献

[1] 王首绪，李晶晶，杨玉胜，等．公路施工组织及概预算[M]．4版．北京：人民交通出版社，2020．

[2] 魏道升，刘蓉，彭赟．公路施工组织设计与信息化管理[M]．北京：人民交通出版社，2011．

[3] 曹胜语，马敬坤，宁金成．公路施工组织设计[M]．3版．北京：人民交通出版社股份有限公司，2018．

[4] 李婷婷．公路施工组织与概预算[M]．北京：人民交通出版社，2020．

[5] 王洪江，符长青．公路工程施工组织设计编制手册[M]．北京：人民交通出版社，2005．

[6] 交通运输部职业资格中心．交通运输工程技术与计量（公路篇）[M]．北京：人民交通出版社股份有限公司，2021．

[7] 高峰，贾玉辉．公路工程施工组织[M]．北京：人民交通出版社，2015．

[8] 武小兵．公路施工组织及概预算[M]．北京：人民交通出版社，2008．

[9] 杨卫红．公路施工组织与概预算[M]．北京：机械工业出版社，2021．

[10] 李辉．工程施工组织设计编制与管理标准[M]．北京：人民交通出版社，2022．

[11] 张铁军，张学文，高景致，等．公路工程百科全书[M]．哈尔滨：黑龙江人民出版社，2000．